爆款营销

杰出品牌营销案例精选

万木春　郭宏超　编著

本书由《经济观察报》主办的“杰出品牌营销奖”甄选44个杰出品牌营销案例集合而成，详细解读了各企业的营销策划思路和具体实施方案。品牌营销技术的发展日新月异，企业应紧跟市场脉动不断更新和升级品牌营销策略。本书中的案例向读者展现了跨界聚焦、活动裂变、流量思维、精准推广、社交互动等前沿营销方式，旨在帮助企业在不断变化的市场中找准定位，有效提升品牌传播能力。

本书适合企业管理者、企业品牌运营者阅读，也可供企业管理专业及MBA在读者阅读、参考。

图书在版编目（CIP）数据

爆款营销：杰出品牌营销案例精选 / 万木春，郭宏超编著．—北京：机械工业出版社，2020.10

ISBN 978-7-111-66813-8

Ⅰ．①爆…　Ⅱ．①万…②郭…　Ⅲ．①品牌营销—案例—中国　Ⅳ．①F713.3

中国版本图书馆CIP数据核字（2020）第200805号

机械工业出版社（北京市百万庄大街22号邮政编码100037）
策划编辑：王　涛　责任编辑：王　涛　李　前
责任校对：陈小慧　封面设计：高鹏博
责任印制：谢朝喜
北京宝昌彩色印刷有限公司印刷
2020年10月第1版第1次印刷
185mm×260mm · 14.75印张 · 230千字
标准书号：ISBN 978-7-111-66813-8
定价：68.00元

电话服务　网络服务
客服电话：010-88361066　机　工　官　网：www.cmpbook.com
010-88379833　机　工　官　博：weibo.com/cmp1952
010-68326294　金　书　网：www.golden-book.com
封底无防伪标均为盗版　机工教育服务网：www.cmpedu.com

编委会

编者序一

从 2015 年《促进大数据发展行动纲要》颁布到 2017 年党的“十九大”提出“推动互联网、大数据、人工智能和实体经济深度融合”，再到国务院《政府工作报告》多次强调数字经济，基于大数据的数字营销、数字经济概念已被中国社会广泛接受。在一些大数据与行业融合应用成效显著的领域，如金融、医疗、安保、通信、家电、物流、交通、娱乐、零售等，已经取得了非常好的示范化效应。虽然各个行业、各类企业的着力点有一定的独特性与差异化，但毋庸置疑，多颗石子激起的涟漪打破了原有的工业经济格局，生产要素的投入比例不断变化，生产效率正在迅速提升，生产关系重新分配。在作为社会成员的人的可感知范围内，数字技术对产品和服务的改造急速推进，这不仅是自然与人、人与人、人与物、物与物之间的天然关系和社会关系的重塑，而且是人类在拓展认识论和实践论基础上实现思维范式转换、解决生存与发展问题，进而实现从“必然王国”走向“自由王国”的重要契机。

约 14 亿人口，960 万平方千米的陆地面积，世界第二大经济体量和智能设备的广泛应用所产生的数据量，为中国数字经济的繁荣提供了相对完整的生态基础。即使是延续现有的技术和制度路径，10 年之内，通过各产业的数字化转型，常态式的产业渐变发展也能够为中国经济增长做出数十万亿元的贡献，这一点应是毫无疑问的。历史证明，哪怕是制度、技术、组织、所有权等要素单一进行正向演化，这个庞大的市场亦可爆发惊人的力量。但要想取得更大的成就，仅将数字经济作为目标是不够的，因为取乎其上才能得乎其中。无论是主动还是被动，我们终将步入智能经济时代。智能经济是数字经济的必然结果，数字经济是智能经济的必然过程。现在的一切努力，只不过是“智能经济之花”绽放前的辛勤耕耘。

数字营销与智能营销、数字经济与智能经济，这些概念不仅在学术界仍存有较大争议，而且由于对这些概念的讨论多集中于应用型学科，因此也对实践产生了直接影响。从一个侧面来说，对于企业而言，数字营销所带来的价值重构是所有决策过程的统一体现，其中包括认知、选择、策略、行动。即使在认识阶段，又有问题假设、信息（数据）采集和挖掘、归因分析、问题判定、模式判别、趋势预测等环节，支撑认知的，主要是各种数学和统计建模方法。再向前发展，方为将认识转化为知识并使其方法论化，以实现更普遍的常规化模型应用和企业运营。从功能来看，目前数字营销仍处于提供决策支持的系统化发展阶段。而智能营销想要走得更远，需要自动选择及实施更为理性的、实现了智能匹配和 ROI（投资回报率）评估的策略方案，即提供最大可能的实时、实地、实景、实人的智能决策系统。显而易见，无论是理论还是实践，目标与现实之间都还有很长的距离，是“跬步”与“千里”之别。

2019 年“品牌营销奖”的主题是“硬核新青年”。专家们从实务出发，对什么是“新青年”、怎样才算“硬核”给出了见仁见智的解答，其中不乏真知灼见。或许是因为与会代表多来自企业，所以其探讨的内容往往是对新时代消费者的认知、广义公共关系下的品牌共建和年轻化、如何使用新的技术和媒介来强化与年轻人的互动、应该帮助年轻人树立何种价值观及提供哪些内容等，焦点主要放在消费者身上。这当然无可非议，毕竟企业要生存、社会要发展，缺少了消费“车轮”，哪驾经济“马车”都跑不动。但在这里，我们更想从人力资源的角度谈谈对“硬核”的理解——因为消费者同样也是生产者。

数字营销是方法、技术和工具，智能营销是途径、目的和结果，但归根结底，二者都具有统一的核心，即人类从工业经济社会向知识经济社会迈进时，“知识”（含信息与技术）是作为一种决定性要素形成的生产力核心。“知识”在内生经济增长中为劳动资料、劳动对象、劳动者、管理、资本、分工协作赋能，降低了生产成本并提升了其他生产力要素的效率。“人”自始至终都是营销传播行业生产力当中的决定性要素，其余生产力要素必须经过劳动者的转换才能形成产出。在工业经济时代后期，劳动者的创造力、资本及媒体“三足鼎立”，构成了营销传播行业发展的“主旋律”。从宏观层面看，劳动者创造力和媒体力量的发挥最终取决于企业能够调动多少资本。但在知识经济时代，知识生产力极大地克服了传统生产力中“物我两分”的矛盾，将“人”的主观能动性和潜力进一步释放，媒体的大众化生产趋势和低成本运营、自由临时结合的分布式协作又使媒体和资本的作用有所降低。营销传播业比以往任何时候都更看重“人力资本”“智力资本”，知识自身便能够通过传播、交流进行有效配置并实现边际效应递增。对劳动者本身而言，“人”的意义也更为凸显。在知识经济时代，拥有大批存量知识和流量知识的营销传播行业劳动者在数量上占据绝对优势；在质量上，理工科尤其是计算机技术人才的涌入，不仅使技术理性成为一种内在的意识形态，而且技术反过来促进了人们对社会的认知，从业者的素养和技能得到了双重提升。技能提升及对新生代的了解也使年轻的从业者逐渐摆脱了森严的层级限制，平权、分权、分散承包成为营销传播企业自身管理的普遍方式。知识的生产、传播、应用能力的强弱往往决定了个人收入的高低。以知识生产力为代表的当代营销传播行业生产力比过去更强调探索性和独创性，并凸显出知识的垄断性／反垄断性矛盾，而这种矛盾会在企业的盈利能力、市场地位和个人的收入水平当中得以明确体现。

在数字经济和智能经济的转型中会遇到各种各样的问题，如5G还不能很好地解决数据延时问题，全域和私域数据如何联结、区块链如何投入实际应用等仍处在摸索阶段，企业对整个价值链的改造还需上下打通等。除涉及经济伦理和利益分割问题之外，如果求其根源，这些问题仍然是知识生产力提升在各方向上的直接反映。“打铁必须自身硬”，要想为客户提供较高的价值，首先企业的实力、企业员工的知识水平要过硬，企业知识的群体化、外显化、联结化和内隐化的转化能力也要过硬。如果做不到这些，对消费者的描述就会流于笼统，对自身产品和服务的设计就会滞后，对未来的社会趋势就会产生误判，企业的决策也会无所适从。

我们解决知识生产力的问题了吗？我们能够提供相应的人才储备了吗？坦率地说，在当下这个知识结构受到“百年未有之大冲击”的时代，与营销传播相关的所有专业几乎都已陷入迷乱：主观上大部分教师的知识结构需要重新调整，而业界知识更新的速度越来越快；客观上教育体系还未完全打开局面，如业界人士对在校学生的长期培训在制度上迟迟不能突破，毕业生无法“招之即来、来之能战”；即使是前台的、最基础的计算广告，目前也只有屈指可数的几所高校能够提供课程，中台、后台的课程几乎都没有融入教育体系；网络课程也处在探索、扫盲、素质教育阶段。如果学生（员工）自身实力不够硬，那么以往的经验和方法恐怕很难帮助他们去解决出现的新问题。简单来说，我们仍无法依靠SPSS（统计产品与服务解决方案软件）来解决应该由Python（计算机程序设计语言）解决的事情。

以上想法在2020年之初的新冠肺炎疫情中几乎全部得到了印证。试看以下诸多事例：一些企业停工、减薪、裁员，业务陷于停顿，另一些知识生产力丰裕的企业则体量剧增，率先使用工业互联网及充分采用机器人的先进制造业不断扩大生产规模；远程医疗需求迅速上扬，计算机智能辅助系统加速病毒分析与药物模拟试验，机器人在重症区送药，无人机于空中进行体温测定、面部识别；城镇学生网络学习和教师的网络授课不时将各平台挤爆，远程办公和虚拟办公系统成为刚需，在线文档协作对捐献物资调配贡献巨大，小型网络通信软件被大量使用；餐饮、电影、旅游行业受损严重，生鲜配送行业则供不应求，无人快递车在空荡的大街上送外卖；电商、游戏和视频行业的用户数量在短期内大幅攀升；不可或缺的人才展露锋芒，员工也能“共享”；中心化、多层级的延时社会管理向分布式、扁平化的实时社会治理演进。

这些事例都是非常时期的“突变”。但这种“突变”并非横空出世或毫无先兆，而是在常态化渐变的各项基础上使发展特征更为具象、使前沿问题化作现实、使先锋观念变成通识，经济红利正从消费者剩余向生产者剩余转移。这个过程在人类历史长河中也许是一粒沙，落在企业和个人头上却是一座山。转型中的衰亡与痛苦也许无法避免，但我们必定会找到方法、求得新生。

顺便说一句，这句话未必与本书的主题无关。我们一向认为，无论是学界还是业界会议，最重要的是思想碰撞、观点交锋与知识传播。这种知识沟通平台的搭建和理、工、医、文、农等学科的融会共构尝试，无论是政府、企业、媒体、学术机构还是行业组织，都绝对有必要。但个人的价值并不在于在什么时间、什么场合说了多长的话，更不必想尽办法强迫别人记住自己，而是要真抓实干，通过自己实力的“硬”带动其他方面的“硬”，用成效来加以证明——于学界是学生的评价和教育的贡献、社会的认可，于业界则是企业的绩效、声誉和对社会的贡献。也只有这样，我们方能走入智能经济时代，以求真务实的加倍努力让国家变得更加强大、更加健康，进而推动全世界以“人类命运共同体”的姿态走向未来。虽然目前存于世上的人们未必能看到这个时代的全面到来，但只要我们够努力，如同奠基石或垫脚砖一般，相信功不唐捐，该来的总会来的。

万木春

2020 年 10 月

编者序二

“我消灭你，与你无关。”

刘慈欣在其科幻巨著《三体》中的这句话放在当下的品牌营销领域，也是毫不夸张的。2020年伊始，突如其来的新冠肺炎疫情导致社会生产、生活按下了暂停键，大量产业停工停产，对广告品牌行业的冲击巨大。

品牌、广告、营销受到影响只是整个产业链的一环。受疫情影响，企业的销售渠道纷纷被堵死，用传统方式吸引消费者购买产品几成奢望，很多文旅类企业更是完全断绝了销售行为。所有人几乎都宅在家中，品牌和广告如何输出？销售如何实现？

新的营销形式必然出现。进入2020年后，直播带货实现了全民爆红，从卖房子、卖汽车到卖水果、卖衣服……可以说应有尽有！过去品牌很难请到的为其站台的明星们，也频频出现在直播间叫卖各种商品，甚至一些企业“大佬”也下场带货，各地官员更是不遗余力地通过直播带货的方式为本地特产开拓销路！

如今，直播已经成为品牌促销的重要手段之一，也逐渐成为营销的常规操作。在有关部门还没有讨论清楚直播带货到底是广告行为还是导购行为、到底应由广告监管部门监管还是由互联网监管部门监管时，直播带货已经从品牌广告宣传、头部KOL（关键意见领袖）背书到集中销售，实现了一条龙服务！

电商平台无疑在直播带货方面具有得天独厚的条件——既是流量大鳄，又是各类商品的聚集地。以淘宝、京东、拼多多等为代表的电商平台对直播的探索已趋于成熟，对品牌的吸引力相应较大。直播电商的本质是为消费人群精选产品，与常规的销售端相比，以直播的方式选择产品对消费者而言更为直接、高效。直播利用低折扣及吸引人的商品介绍方式把一些有购物意愿的人群聚集到平台上，从而达到带货的目的。

另一股直播带货的力量是抖音、快手等具有社交属性的短视频平台。抖音、快手的场景与淘宝站内场景有所不同，其平台用户更偏向娱乐性，因此直播往往趋向于边娱乐边购买的模式，并最终将流量导入品牌的线上店铺。此类平台的相对转化率较高，是头部电商平台愿意与它们展开合作的主要原因。

直播带货对于传统的品牌、广告、营销所产生的冲击，正在各个层次的产品领域流行。通过仔细观察会发现，对很多品牌商而言，直播带货并非只是实现销售转化的方式，也是孵化新产品、进行品牌建设的重要场景和方法。很多品牌商认为，通过优质的直播内容能与消费者进行深度沟通。例如，过去需要营造嘉年华氛围的线下新品发布会，现在开始以直播的形式在线上举行，这不仅能用新鲜手段圈住老粉丝，而且能吸引更年轻、更适应互联网场景的新粉丝。

所有的领域都在发生改变，尤其在品牌营销领域，这种变化更是一日千里，过去套路式的手段失去了效力。在当下的数字化时代，消费者对品牌的所有反馈都会迅速呈现出来，不会再像过去那样——只有传导到最终消费环节之后，品牌商才能知道投入重金的品牌营销手段是否有效。另外，检验品牌营销手段效果的依据也不再仅仅是销售结果，还有整个品牌传播的过程。潜在消费者关注度数据如何，消费者的反馈是正面还是负面的，品牌营销传递到了哪些场域，什么样的受众接收到了品牌信息等，在当前传播途径多样化、传播技术数字化的背景下，这些问题的答案都可以及时、准确、完整呈现，即当期就可以反馈品牌营销效果，而不必等到销售结果出来才能判断。这对于品牌主迅速做出营销决策更具价值。在本书这些优秀的品牌营销案例中，我们能清楚地看到，它们对于新传播媒介和手段的把握和运用高人一筹。最重要的是，客户对于此类广告营销行为的跟踪路径也比较清晰，并可以随时调整策略，使投入更有针对性，尽可能实现营销效果最大化。

同样，这也在一定程度上解决了令各类广告营销平台比较头疼的转化率“陷阱”问题。其实，不管是大平台还是小平台，这几年都遇到了转化率问题。第一，这与平台间残酷的流量竞争有很大关系。一定程度上说，守住了流量就保住了平台优势，因此，为了使流量数据更好看，平台用尽了引流办法。有人说，当下 70% 的互联网流量数据是由机器刷出来的。可想而知，就算是大平台的转化率也很难被看好。第二，各家平台赢得客户青睐的最关键因素是转化率，所有品牌主最终也都是为了实现销售转化才做品牌广告投放。因此，转化率成了一个巨大的“魔咒”，也成了品牌主无法填满的欲望深壑，在转化率的追求上只有更高没有最高，最终导致平台和品牌主都陷入转化率的“陷阱”。一方面，品牌主只注重销售结果和短期效应，渐渐失去了对长期品牌建设的兴趣，造成自身品牌损伤；另一方面，平台也会陷入自己挖的坑里，很难长期、稳定地使客户在品牌建设上对自己形成信任。

实际上，短期营销投入有没有转化为销售并不能完全反映一种广告营销手段的效果，甚至可以说只能体现小部分营销效果，因为好的广告营销方案对受众具有长期持久的影响力，很多时候转化会是一个漫长的过程，而且一旦转化为销售，忠诚度可能更高。因此，对于过程的认知越来越重要，这也是数字化时代带给品牌、广告、营销领域最大的机遇。

近几年，社交媒体和内容入口在新技术的支持下发展迅猛，甚至电商平台也开始重视公共属性的平台建设，这些都是走出转化率“陷阱”、提供长期品牌建设策略的变化所在。平台的公共属性将为品牌主的公信力背书，有助于品牌主的长期品牌建设。品牌要具有旺盛的生命力，就必须做好品牌形象树立工作，而不是只追求产品销量。

在广告市场，快手、今日头条、抖音等都已经迅速成长为广告收入巨头，而且增速远远高于互联网广告行业平均值。内容入口重新成为广告投放“重镇”，这一点值得认真思考。

当然，品牌建设对于品牌主长期的价值毋庸多言。但是，新技术和新商业模式带来的新机会无穷无尽，而所有的业态也都在发生巨变。如果说阿里巴巴和京东的电商模式可以代表一个时代，那么，以拼多多为代表的电商平台专注于挖掘巨量下沉市场，已经打开了新时代的另一个大门。“拼多多们”带来的不仅仅是一个新的市场，而且用更新的商业创新技术打开了一个巨大的潜能空间。提到这一点，我总会想起美国利用页岩气技术让自己再次获得巨量能源的商业故事。那些在岩缝中的零星能源，原本因不能覆盖开采成本而被抛弃。这真的很像当下中国最为火爆的“下沉市场”的现状。或许，这也正是阿里巴巴和京东都“重兵”扑向该市场的主要原因吧！

从事品牌、广告、营销行业的人都应该明白，在电商“双巨头”（阿里巴巴和京东）时代，各平台的主攻方向其实仍然是品牌宣传和认知，包括产品品牌和店铺品牌。在阿里巴巴和京东电商平台上的那些店铺，虽然不再是线下实体店，但线上店铺也是店铺，做广告宣传或实施营销手段仍然有迹可循。但是，在如今的“下沉市场”时代，一个很大的变化是店铺逐渐消亡。无论是电商巨头抢夺的那个“下沉市场”，还是抖音、快手等短视频平台用来带货宣传的那个“下沉市场”，走的都是从田间地头到工厂生产线，再到用户的全产业链路径。这些营销行为基本上造成了品牌附加值的极度消亡。这在当下已经不是小范围的事情，未来可能有更多的营销行为将面临同样的情况。在这种趋势下，从业者该如何适应和转变？

变化往往都是出乎意料的，但适应却是永恒的。

郭宏超

2020年10月

目录

杰出品牌营销奖·综合奖

百年IP，六线驱动，打造新时代“新英雄”

获奖单位：上海英雄（集团）有限公司、上海锦坤文化传播有限公司

营销背景

“英雄”是上海最具特色的民族品牌之一，于1931年成立，至今已有近百年历史。但随着市场环境的变化，“英雄”品牌曾经一度“沉寂”。近年来，钢笔市场出现了重新焕发生机的迹象，英雄集团需要把握市场机遇，实现品牌升级和组织结构突破。

基于“英雄”品牌的IP特性和百年属性，锦坤为“英雄”制定了再造一个“新英雄”的“十三五战略规划”，以品牌线、产品线、组织线、区域线、渠道线和终端线“六线驱动”帮助“英雄”实现营业收入连续3年年均两位数增长的跨越式发展。英雄集团积极与“施华洛世奇”合作打造联名IP，切入女性钢笔市场，一举成为细分品类“老大”；在产品创新机制和组织变革方面打通供应链和渠道链，成为中国轻工品牌和上海老品牌复兴的杰出代表。

英雄集团旗下拥有的“英雄”商标是中国名牌、中国驰名商标。除此之外，英雄集团还拥有包括“博士”“长城”“爱伊”在内的百余个商标，旗下企业更是中国自来水笔和墨水等民族工业的“主力军”。目前，“英雄”牌自来水笔为中国名牌产品，“英雄”牌墨水为上海市著名商标和上海市名牌产品。“英雄”牌自来水笔不仅曾是全国和地方党代会、人代会和政协会议的指定纪念用笔，而且曾是党和国家领导人出访的礼品，亦曾是香港回归、澳门回归、中国加入世界贸易组织等国家重要历史时刻签署重要文件用笔。2010 年，英雄金笔厂成为上海世博会特许生产经营企业，“英雄”世博会纪念产品荣获 2010 年上海世博会全球华人设计大奖和质量奖。

目前，“英雄”自来水笔的产销量均名列国内前茅。尤其是在学生市场，尽管受假货、低价倾销产品和塑料直液钢笔的冲击较大，但“英雄”自来水笔目前仍占有相当大的市场份额，是该市场最核心的厂商之一。

在产品方面，“英雄”产品线较长，涵盖学生钢笔、中端铱金笔和高端金笔。其中，学生市场以金属铱金笔为主；中端市场是“英雄”的薄弱环节，该区段产品较多，但未形成真正的核心竞争力；高端金笔以英雄“100”系列为代表，是“英雄”自来水笔的标志性产品。尽管“英雄”的产品线较长，但从产品实际销售情况看，仍以老产品、经典产品为主，如“100”系列、“616”系列、“329”系列、“359”系列等。

在经销商方面，“英雄”拥有非常深厚的历史积淀，经销商基础深厚，许多经销商已经由第二代人经营；在区域方面，“英雄”目前的区域发展非常不均，尤其是东北地区销售衰落，更凸显了这种销售不均的局面。

经过对英雄集团的深入了解，结合仔细的市场调研和分析，项目组总结出了“英雄”以往存在的六大问题。

（1）体制机制不完善。英雄集团需要通过市场化体制提升员工的自主能动性，在内外项目合作的基础上，为外部招纳人才和内部提拔人才提供土壤；需要有一套符合市场经济规律的科学绩效考核机制；改变领导更迭太过频繁的现状，保障企业策略的延续性。

（2）品牌授权及管理不科学、不系统，品牌势能未聚焦，品牌授权及管理存在漏洞。由于“英雄”品牌分散在相关使用单位，英雄集团未能对品牌进行整体投入与运作，品牌形象不突出，整体品牌结构需要调整，品牌体系需要优化，进而打造系统化的竞争品牌结构。

（3）组织架构层级较多，核心职能部门人才缺失。英雄集团管理类人员占比过高，但是支撑企业发展的核心人才缺乏，特别是高端技术人才、营销人才和经营人才。这是企业提升生产、经营和管理水平的瓶颈，亟须加强市场及销售类职能部门建设。

（4）产品研发缺乏系统规划，研发投入不足。英雄集团用于新产品研发的投入不足，装备陈旧落后，产品升级换代慢，没有研发出能媲美老产品的新“拳头”产品；品牌授权管理不完善，导致产品研发生产计划不统一，内耗严重。

（5）产品结构及生产布局不合理。英雄集团产品品种单一，除自来水笔外，未能利用“英雄”品牌优势拓展增速迅猛的新型笔领域；高、中、低档自来水笔自制生产，未能避开上海生产成本高的劣势。因此，“英雄”需要转型，以有效实现品牌输出和管理输出。

（6）渠道管理混乱，市场管控力弱。英雄集团市场渠道主要掌握在销售合作公司手中，渠道共享机制未能有效运转。英雄集团应加强市场信息调研反馈、经销商管控及品牌授权管理，完善代理机制，对招商及终端运营进行标准化竞争力的打造和提升。

钢笔行业高度成熟，由于竞争壁垒较低，且作为书写工具的功能在退化，目前多数厂家的发展均不甚理想。数据显示，国内从事文具制造的企业有 8000 家之多，其中列入统计口径的规模以上的文具生产企业有 1500 多家，但 90% 的文具生产企业年销售额低于 1000 万元，大部分企业产品单一，竞争集中在低端产品，整个文具行业多、小、散、乱的特点突出。从生产情况看，钢笔年产量不足制笔行业总产量的 1%。可见，作为书写工具的钢笔正在被边缘化。

尽管钢笔作为书写工具的地位在下降，但作为消费升级文化用品及礼品、收藏用品的钢笔，其销售额近年来上升势头迅猛，尤其是以“凌美”“百乐”等品牌为代表的中间市场品牌快速崛起。这是钢笔市场近年来出现的最主要的变化。

目标市场选择和关键要素

1. 学生市场：体量大、变化少、价格低

中国约有 2 亿名学生，基础体量十分庞大，市场较为稳定。同时，随着国家对小学生品格教育要求的提高，各地学校纷纷加强钢笔在日常教学、学生学习中的使用，个别地区甚至要求三年级学生所有作业均需使用钢笔作为书写工具。尽管目前各地、各学校的要求差别仍较大，但在可预见的将来，随着学生品格教育的深入，小学生对钢笔这一品类的需求仍有可观的增量空间。

学生市场的变化一直较小，近年来最主要的变化是直液钢笔的进入。相对于金属钢笔、传统钢笔，直液钢笔最显著的优势在于工艺、结构相对简单，因此价格低廉，品控稳定。由于价格低廉，直液钢笔目前在学生市场正逐步取代传统钢笔的地位。

在学生市场，价格仍是最主要的竞争因素。尤其是以“晨光”“传人”“烂笔头”“白雪”等为代表的低端钢笔，在校边店的零售价格通常只有 5～10 元，部分地区和产品的价格甚至更低。这一价格水平远远低于传统钢笔厂商能够承受的价格范围。传统钢笔由于采取毛细供墨和金属笔身工艺，其成本不可能降低到这一价格区间。而直液钢笔结构简单，为塑料笔身，有利于通过规模化生产降低成本，因而能够获得显著的成本优势。正是由于这个原因，以金属钢笔为主的“英雄”产品线并不适合学生市场。

除此之外，学生市场由于“正品”钢笔利润微薄，因此给假货提供了温床。经销商和校边店的部分经营者乐于销售假冒产品，以提高自身的盈利水平。学生市场假货猖獗、禁之不绝，对该市场形成了显著的冲击。

由于以上因素，“英雄”在低价学生笔的线下市场正逐渐失去“统治”地位。尽管在线下市场销售乏力，但“英雄”钢笔在线上市场扳回了一局。目前，“英雄”钢笔线上销售额占比已经超过线下市场。尤其是在低价学生笔市场，“英雄”每盒 6/10 支钢笔的套装组合产品解决了小学生“费笔”的问题。同时，销售套装组合产品使单支钢笔的价格相对较低，并且线上销售方式类似个人批发业务，从而规避了“英雄”产品线成本较高的竞争劣势。

在学生用笔市场，大多数厂家走低价格路线，使得市场上充斥着价低品劣的产品。而在消费升级的大背景下，学生市场同样存在显著的消费升级、分级现象，而且不少消费者将目光转向了国外品牌。在这种趋势下，不少国外品牌开始在三～六年级做市场培育。此外，在中学生市场和高年级小学生市场，消费升级的趋势也已经比较明显。

2. 中间市场：显著崛起，尤其在线上渠道

中间市场的快速崛起是近年来钢笔市场出现的最显著的变化和趋势。该市场的代表性产品，如“凌美”狩猎者系列、“百乐”78G、“毕加索”系列产品等，近年来均取得了非常显著的销售成绩。尤其是“凌美”狩猎者系列，其产品受众已从青年人群延伸到中小学生人群和中老年人群。同时，著名的钢笔制造商施耐德也在加大对中国市场的投入，针对学生和办公室白领人群消费升级需求推出了全新产品。一直定位高端的钢笔界老大“派克”也在积极向下游延伸其产品线，主打线上渠道销售，以期在高速增长的中间市场分得一杯羹。

从线上渠道的发展趋势看，在中间市场进行 IP 合作是一种非常重要的增长方式，如“派克”与“王者荣耀”的合作、“英雄”与“锐澳”的合作。另外，根据中国制笔行业协会的数据，近年来进口钢笔的销量增速一直较为可观。种种迹象表明，中间市场正在快速增长。鉴于“英雄”此前在中间市场“大而不强”的表现，在该市场的重点发力有可能使其于整个市场的竞争中获得优势。

3. 高端市场：布局者众，竞争激烈，产品同质化严重，但尚未形成真正的增长极

从全球市场格局看，钢笔行业普遍较低迷，中国市场（高端）是少有的处于上升期的市场，吸引了大量高端品牌、商家进入，使得国内高端钢笔市场品牌众多。但从实际销售情况看，高端钢笔线下销售非常不均衡，这种不均衡主要表现在区域和品牌上。除“派克”等少数品牌在少数地区销售较为理想外，多数品牌和产品的销售均尚未形成明确势能。该市场目前仍未出现真正的增长极，且多数品牌和产品同质化程度较为严重，不同产品的差异化主要表现在品牌资产方面，产品本身的差异化通常并不显著。

同时，高端钢笔的价格过高也是制约高端钢笔市场快速发展的一个重要因素。高端钢笔的价格带相对集中，价格带断档的情况较为明显。在目前消费升级的背景

下，消费者更愿意接受的是价格在 500 ～ 1000 元之间的钢笔，而非许多高端钢笔主推的价格带。

锦坤助力英雄“六线驱动”，实现业绩翻倍增长

英雄集团实施了“六线驱动”策略，包括品牌线、产品线、组织线、区域线、渠道线和终端线。

1. 品牌线

（1）品牌定位。

- 高端：“凌美”的定位相比“派克”“万宝龙”更加大众化，并且主要以技术、品质为驱动；“万宝龙”走的是更为高端的路线，主要靠人群驱动、服务驱动和品牌驱动；就整体情况而言，“英雄”钢笔在相当长一段时间内的新定位应该采取“覆盖凌美 + 万宝龙”的策略。

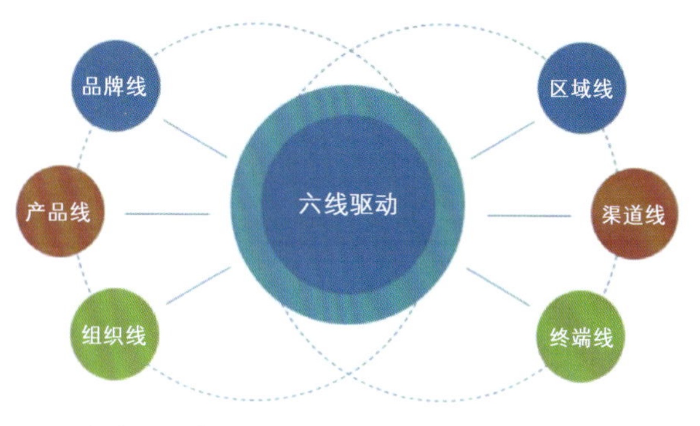

▲ 英雄“六线驱动”过程

- 中低端：进行差异化品牌定位，以笔为主打，继续稳固原有市场，专注中高端学生笔市场，以及注重文具消费品质感的人群和三、四线城市的办公书写人群；将低端钢笔市场也分剥融合到此块业务，定位为比“晨光”“得力”“真彩”等品牌价格更高、品质感更好的产品。

英雄集团完整品牌架构建议为：多品牌、多结构运作，满足品牌形象、利润、市场规模等多方面的占位需求。

（2）IP 合作。

英雄集团起初的 IP 合作来自于“施华洛世奇”和“锐澳”，其中“施华洛世奇”系列已经推出二代产品，后续与“流浪地球”“卡地亚”等品牌和 IP 均展开了深度合作。在“英雄”IP合作的目标人群中，女性群体是一大类，主要通过线上进行销售。

（3）品牌授权。

英雄集团有近170种注册商标，但实际被利用的商标仅有四十余种，大量高价值的商标，如“大众”（圆珠笔类别）、“迪斯米”（橡皮、文具盒、学生尺等类别）、“海文”、“英豪”、“浪琴”、“海派”等未被使用，造成巨大的资源和成本浪费。因此，英雄集团需要通过自用、转让、质押、出租等方式实现原有商标再增值。

2. 产品线

（1）针对学生市场的产品线建议。

- 加强线上优势，强化线上组合套装产品的优势。英雄集团需加强线上产品表现能力，突出金属钢笔相对于塑料钢笔的优势，如笔尖优势等；增加线上销售渠道，如“唯品会”“小红书”等；增加线上销售的金属钢笔的产品品种、款式，同时开发塑料钢笔。
- 布局学生市场中的高端市场。
- 响应国家对品格教育、传统文化教育的号召，直接参与线下低端市场竞争，研发在价格上略高于“晨光”等品牌的低端钢笔，以及在书写体验上远高于“无脑滑”直液钢笔的新产品。

（2）针对中间市场的产品线建议。

- 统一产品的风格定位，以商务风格作为基因。根据商务基因的不同程度，英雄集团可分别走商务时尚（非正式）、休闲商务（半正式）和正式商务的路线。
- 在中间市场崛起的过程中，品控问题深度影响了“英雄”钢笔的发展，因此提高品控成为“英雄”在中间市场崛起的关键任务之一。

（3）针对高端市场的产品线建议。

在时代背景下，民族品牌、传统文化势能和影响力不断提升，拥有民族“情怀”的人越来越多，强调民族品牌的趋势有助于面向高端市场推出新产品。因此，锦坤建议“英雄”以真正的“艺术钢笔”破局，对“派克”“百利金”“犀飞利”等定位千元价位的产品形成冲击。

（4）产品研发机制设计。

在产品研发机制设计上，锦坤建议“英雄”以市场为导向，以营销为龙头，以研发为保障，以竞品为对标。

	产品战略及优先排序	“创意”产生及筛选	产品概念的形成及优先排序	设计与试造	市场测试及决策	大量生产	推广与效益监督
主要活动	根据公司整体战略、市场情况及本身能力确定新产品	对已选新产品作进一步“创意” 针对每一产品加深对市场情况与用户需求的了解 为每一产品写简短建议书筛选产品	对已选产品作重点性及可能性分析 细化建议书内容包括预算及生产与营销需求	按照建议书设计新产品 安排小量试产	在市场上以样本测试产品性能 对市场反应加以改进或决定推出产品与否	经过测试后大量生产新产品	落实推出日期及计划 跟踪产品推出后市场反应 根据市场反应改进产品
最终成果	新产品一览表	决定执行的简短建议书 有关支持分析 产品流程表	理念档案及详细建议书 优先排序表	初步产品标准及样本	改进建议 新样本 推出与否决定	成品	具体营销计划及效益估计 定期市场报告 改进建议

▲ “英雄”产品研发机制设计

3. 组织线

英雄集团组织线的工作重点放在销售公司实体化的落实上，实现统一授权、统一管理、统一营销、统一备案、信息及时和集中反馈，严格执行授权协议相关条款，使销售公司成为完全独立的自负盈亏的主体，具备独立的市场运营能力。

4. 区域线

针对区域严重失衡的现状，英雄集团可对区域进行划分，而后实施单点突破、以点带面的策略。

5. 渠道线

通过全渠道、新渠道覆盖，提升渠道高度和深度。

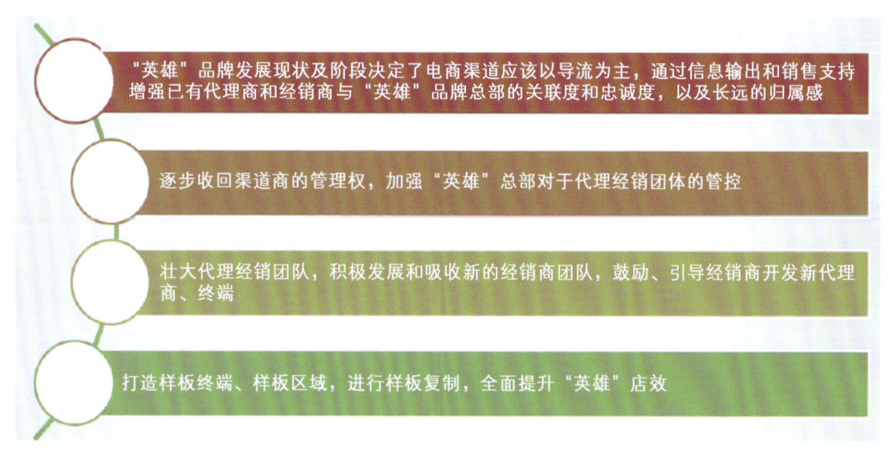

▲ 英雄集团渠道线

6. 终端线

（1）学校周边店建议使用更多小的陈列架（可摆放在桌面上的），不建议使用百乐终端的落地陈列柜。

（2）建议门店整体陈列柜的设计为“中间低、四周高”的柜体，保证视野开阔度。高端钢笔陈列不可密集摆放，笔与笔之间需要留有一定的间距（具体情况视摆放造型而定），用来增加道具陈列，加强产品信息展示。

（3）中高端门店主题色一般使用明黄色和灰白色组合。“英雄”则可以选取与其商标同样的色彩作为主题色，或明或暗。这样做的目的，一是提高辨识度，二是整合 VI（视觉识别系统）场景，增强消费者对品牌的敏感度。

文化用品在消费市场上的消费升级、分级现象是钢笔行业近年来出现增长的主要原因。针对钢笔市场的竞争格局，结合企业实际情况，锦坤围绕“品牌、产品、组织、区域、渠道、终端”6 条核心主线，帮助“英雄”落实集团战略及品牌建设规划的具体工作内容，促成英雄集团和“英雄”品牌由传统生产商、经销商向现代化服务商转型，将“英雄”打造成为品牌和渠道管理成熟型企业，最终助推英雄集团“六线驱动，三年再造一个英雄”的战略目标实施落地。

点评人：万木春　暨南大学新闻与传播学院营销传播教研室主任

民族品牌与“中华老字号”如何在新时代实现品牌再造，是当前营销传播业界与学界共同关心的热门议题；怎样做强做优做大更是国企改革要破解的难题，关系到我国制度优越性的体现，其重要性不言而喻。隶属上海市普陀区国资委管理的英雄集团在此案例中从宏观、中观、微观 3 个层次对以上这些问题做出了正面回应，其思路与方法值得借鉴。应该说，这不仅是一个整合营销传播案例，而且是一个需要深入研究的 MBA（工商管理硕士）教学案例。除显而易见的优点外，本方案还具备以下独特之处：

一是在扎实的市场调研基础上充分认识行业发展现状、趋势和自身优劣势，在洞察方面具体而深刻，不讳疾忌医。

二是有效汇集了内外部力量，对市场细分、目标市场确定、市场定位做出详尽且专业的评估，不敷衍了事、不盲目、不盲从，以功夫见真章。

三是头脑清醒、量力而为，不大干快上，根据重要性和迫切性分阶段实施再造，将投入产出放在首位，不负人民与国家重托。

四是理解透彻，并没有就营销论营销，而是通盘考虑与之相配套的子系统，以及融于其中的大系统，如管理、生产线、组织架构等。

笔，是一种书写工具，也是一种信息传递的手段。它是创造符号的技术，还是表现人类文化的器物？也是一种象征关系交往的媒介，还是其他欲望与需求的映射？“百年 IP，六线驱动，打造新时代‘新英雄’”案例对此进行了解读，但更多的解读角度依然存在。期待“新英雄”不断涌现。

“包”罗梦想，包子王国的奥秘

获奖单位：思爱普（中国）有限公司

项目简介

思爱普（中国）有限公司（SAP）成立于 1972 年，总部位于德国沃尔多夫市，是全球领先的企业应用软件解决方案提供商。SAP 从全新的角度出发诠释其新品牌故事，借助时间热点（5 月 20 日）开展社会化营销，并持续开展深度内容传播，借由深入人们生活的客户企业的创业经历，对其全球品牌愿景“让世界运转更卓越，让人们生活更美好”进行本土化解读。此外，SAP 突破过去的营销套路，用 To C（对消费者）的内容达成 To B（对企业）的传播目标，打破了 To B 传播的固有模式，将产品的理性逻辑深层植入内容，并用感性方式传递出来，实现品牌触达与情感传递。

项目背景

2018 年，SAP 在全球范围内推广了全新的品牌愿景：让世界运转更卓越，让人们生活更美好。如何让高大上的国际 IT（信息技术）品牌真正落地中国？如何打破 SAP 主要服务于大企业的刻板印象，深入耕耘中小企业市场？如何为 SAP 的“中国加速计划”奠定品牌与市场基石？ SAP 品牌中国化策略面临着一系列问题。

在中国，SAP 的重要目标之一是拓展充满增长活力的中小企业市场。随着产品的进一步本地化，SAP 在提供诸多适合中小企业使用的云解决方案的同时，也迫切需要深化品牌新认知，通过品牌本土化助力业务增长。

在 SAP 现有的中小企业客户中，“巴比馒头”（母公司为中饮巴比食品股份有限公司）是比较典型的案例。2016 年，“巴比馒头”与 SAP 牵手，将“SAP 开发”定格为集团层面战略，通过优化“巴比商城”线上体验环节、完成可视化项目、建成 SAP 供应端等手段，逐步建立起了一个具有新一代协作和创新特征的数字化价值网络平台。如何将此案例进行推广，如何让更多中小企业了解 SAP、选择 SAP、牵手 SAP？ SAP 希望以“巴比馒头”等成功案例为抓手，对企业品牌、企业文化及价值观进行宣传、输出。

1. 扩大品牌影响力

在营销活动期间，SAP 围绕品牌产出话题与内容，通过多平台互动和二次扩散扩大影响力。

2. 诠释 SAP 新品牌故事

SAP 诠释了新品牌故事，为其“中国加速计划”中的“深耕中小企业市场”策略奠定了品牌基础，广泛触达中小企业决策者；提升了营销活动期间的品牌情感和品牌触达（2018 年第三季度）。

3. 让更多中小企业了解 SAP

SAP 向中小企业传递其在大数据、云计算等方面的产品优势，有效提高了认知，促进了销售线索的产生；在营销活动期间（2018 年第三、四季度），从数字化渠道挖掘更多中小企业销售线索。

SAP 在中国市场的传统优势为大中型企业市场，但该市场正在趋于饱和。SAP 在中国中小企业市场的目标客户高达数百万家，越来越多的增长机会将来自于中小企业。在此次营销活动中，SAP 的目标受众主要是那些希望致力于升级、转型，实现卓越运营的经营组织，即中国的中小型企业。

中国中小企业正面临从人治管理向科学的数据化管理转变，数字化逐渐深入管理者的战略思维，成为他们奋斗路上的左膀右臂。这些市场趋势洞察为 SAP 分析受众痛点提供了重要参照。国际品牌的本土化经营是协助企业在当地树立品牌形象、获取市场竞争优势的重要途径。这也是希望在中国落地全新品牌故事的 SAP 所面临的机遇和挑战。

中国企业正在进行数字化转型。SAP 想要深耕中国市场，就要贴近客户，做深入人心的“接地气”的国际品牌。SAP 从 2018 年 5 月 20 日的联合品牌营销开始，以微电影的形式讲述知名食品连锁企业“巴比馒头”董事长白手起家的故事，于创业情怀中展现 SAP 助力中小企业成长的过程，引发目标客户群体的共鸣，诠释了 SAP 的价值，解读了 SAP 的品牌愿景。在与“巴比馒头”的合作中，SAP 突破 B2B（企业对企业）营销的传统方式，用有温度的一角诠释宏伟“蓝图”，用故事打动受众，深度描绘“让世界运转更卓越，让人们生活更美好”的品牌愿景，而非说教布道。最终，SAP 与“巴比馒头”的品牌美誉度共同得到了提升，更多中小企业了解到了 SAP 落地中国的品牌愿景和故事。

SAP 选择了恰当的时间点（5 · 20“情人节”与 SAP 年度商业事件）、巧妙的切入点 / 内容（B2C 内容）、适合的推广渠道（To B 和 To C），进而获得了此次 B2C2B（企业对消费者对企业）品牌营销事件的成功。

创意实施

2018 年 5 月 20 日，借由 5 · 20“我爱你”表白日，SAP 与“巴比馒头”等 12 家知名企业在社交平台上进行了一场“蓄谋已久”的秀恩爱活动。此次活动源自 2018 年 SAP 在全球开展的新品牌运动，希望借助这一波活动让人们更好地记住 SAP 的新品牌愿望——与 SAP 在一起，让世界更美好。其实，从这一品牌理念也可以看出，B2B 公司的整体形象传播在向 B2C 转型，因此希望与受众喜闻乐见的话题结合得更紧密。

“巴比馒头”是此次“秀恩爱”活动中的一位核心客户。SAP 持续开展内容营销，推出以“巴比馒头”董事长在上海白手起家的故事为背景的 TVC（电视广告片），以微电影形式讲述案例故事，在创业情怀中展现 SAP 助力中小企业成长的过程，进一步解读 SAP 品牌愿景。

在传播内容的制作上，本次 SAP 的传播包含了视频 TVC 影片的传播、线下机场的平面广告投放、微信和微博上海报的预热、文字 + 图片内容的直接传达；在传播渠道上，本次 SAP 的传播以新媒体作为核心内容输出介质，通过 App（应用程序）、PC（个人计算机）及 Social（社交）端的微博、微信平台，结合 SAP、“巴比馒头”、媒体矩阵，以“三位一体”的传播思路进行综合推广。

传播效果

SAP 在 2018 年 5 月 20 日与客户“秀恩爱”的联合品牌营销被誉为 B2B 营销界的一股清流，而数据可以进一步佐证此次活动的良好效果。

（1）短短一周时间内，活动总体曝光量超过 1200 万次，阅读量超过 12 万次，留言、点赞、转发等互动量超过 1 万人次，由此带动 SAP 百度搜索量提升 10%，网页访问量提升 10%，基本达到了 SAP 设计本次活动的初衷。

（2）突破各个关键品牌形象指标：品牌情感（Sentiment）达到 79.4，品牌触达（Reach）达到 90%，均为 2018 年最高值；中国区品牌指标居于当期 SAP 全球市场榜首。

(3) 在营销活动期间（2018 年第三、四季度），从数字化渠道产出的中小企业销售线索数量同比上涨 20% 以上。

点评人：马旗戟　中国国家广告研究院研究员

在数字化转型的营销实践过程中，有两大难点一直存在：一是如何帮助中小微企业实现升级、转型和卓越运营、成长；二是如何让针对企业服务的品牌推广摆脱既有模式，变得更加感性和温暖，进而打动企业和终端消费者的心智。

SAP 作为世界领先的 IT 服务商，在各类大型工商企业和组织拥有巨大的影响力和认可度，它期望将其经验、产品和服务普惠全球中小微企业，并建立起“让世界运转更卓越，让人们生活更美好”的品牌愿景。

在营销项目具体推进的过程中，SAP 中国团队没有简单套用全球团队设计的品牌传播素材和方式，而是与在中国市场具有代表性的小微企业——“巴比馒头”展开合作，通过“巴比馒头”创始人创业、企业奋斗发展和迎接数字化的具体事例，运用视频创作、社交媒体传播、原生内容打造等方式，把 SAP 伴随和支持企业发展，以及与中国创业者、消费者共建美好生活的理念愿景做了充分展现。

值得一提的是，SAP 将原本 To B 的功能、管理、效率、成本等略显冰冷、理性的产品和服务利益点化作了传播中充满“伴随”“身边”“无所不在”等词汇的温暖感性表达。具有鲜明中国特点的中小微企业创业史故事和文化氛围凸显了 SAP 扎根中国、服务中国的诚意和愿望。

总而言之，这是一个全球知名企业服务品牌在中国营销实践中一个极其成功的案例。

比精准更精准:《比悲伤更悲伤的故事》抖音营销

获奖单位:东阳伯乐影视服务有限公司(东阳伯乐)

项目简介

“好哭”“催泪”“内容情绪感染力强”,是电影《比悲伤更悲伤的故事》最大的卖点。而情绪类的内容在抖音上最易裂变、传染,同时抖音用户也与电影受众高度匹配,主要是集中在下沉地区三、四线城市的观众。因此,《比悲伤更悲伤的故事》选择与影片受众最为精准匹配的用户平台抖音作为重点宣传渠道之一,通过本体物料再剪辑的电影预热、调动红人翻唱电影主题曲《有一种悲伤》、手写电影台词等策略进行精准营销,最终以小预算撬动了约 9.5 亿元的票房收入。

营销目标

东阳伯乐明确电影的核心受众为下沉城市的年轻女性和情侣,精准“击穿”;将抖音作为宣传“主阵地”之一,通过抖音触达电影核心受众,实现观影购票转化。

策略及创意

东阳伯乐将影片《比悲伤更悲伤的故事》定位为“2019 年度最催泪爱情电影”,

向受众传达唯一的观影提示——请带足纸巾，达到情绪具象化。具体的抖音营销时间轴如下：

- 点映前期（2019 年 3 月 1—8 日）：预埋预告片 CUT（剪辑），调动红人翻唱主题曲《有一种悲伤》。
- 点映前期及公映期间（2019 年 3 月 7—14 日）：调动红人手写歌词及台词。
- 点映、公映及映后（2019 年 3 月 9—18 日）：批量发布电影男主角“送纸巾 + 给抱抱”、“悲伤急救队”影院活动、全国各地素人观众哭泣等相关视频。

具体创意执行主要分为“前期预埋：热度累积”“重点种子：引爆临界点”“后期裂变：情绪传染”3 个阶段。

1. 前期预埋：热度累积

（1）本体物料再剪辑：预告、特辑、海报、剧照等。

- 预埋预告片 CUT：宣传期间，调动数十位抖音万粉剪辑用户并发布预告片 CUT，在抖音平台预埋电影相关内容，引发抖音用户广泛关注及讨论，互动量超过 80 万人次。

（2）借势抖音高热度内容：热搜、热门话题及活动。

（3）主要视频形式：BGM（背景音乐）驱动、文字驱动、片段 CUT。

2. 重点种子：引爆临界点

（1）调动红人翻唱电影主题曲《有一种悲伤》。

宣传期间，东阳伯乐调动十余位抖音翻唱达人翻唱电影主题曲《有一种悲伤》，助推电影在抖音平台的热度，互动量共计 50 多万人次。

（2）手写歌词。

宣传期间，东阳伯乐调动数十位抖音手写达人发布《有一种悲伤》歌词及电影台词手写内容，以情感台词、歌词等文字内容引发抖音受众共鸣。

3. 后期裂变：情绪传染

2019 年 3 月 9—18 日影片点映、公映及映后，东阳伯乐在抖音平台批量发布明星“送纸巾 + 给抱抱”、“悲伤急救队”影院活动、全国各地素人观众哭泣等相关视频，得到素人用户铺量转发，获得广泛关注及讨论，成功带动话题“看比悲伤更悲伤的故事要带纸巾”（热搜第 1 位）、“比悲伤更悲伤的故事看哭了”（热搜第 3 位）、“××× 给影迷发纸巾”（热搜第 3 位），连续 3 天霸屏抖音热搜榜，且热搜综合位置多为预埋内容。

（1）明星“爱的抱抱”和给影迷发纸巾。

电影男主角现身北京首映礼，献出怀抱安慰看哭了的观众，并为他们送上纸巾。该营销项目将活动中温暖、打动人心的时刻记录下来，以“爱的抱抱”抖音视频的形式再次输出，强化了影片“催泪好哭”的口碑策略。

（2）“悲伤救援队”创意落地活动: 你的悲伤我来守护。

2019 年 3 月 14 日，东阳伯乐在电影上映首日举行“悲伤救援队”创意落地活动,“急救员”小哥哥为看哭了的观众送上贴心服务，强化影片“催泪好哭”的属性，提高电影话题度。现场视频在微博、抖音得到了广泛传播。

（3）全国各地素人观众哭泣视频。

抖音平台发布大量素人观众观影哭泣视频。

1. 票房成绩

《比悲伤更悲伤的故事》凭借约 9.5 亿元的高票房收入，刷新台湾电影在大陆市场的最高票房纪录。

根据猫眼电影的数据，2019 年 3 月 14 日上映后，该影片票房收入一路看涨，首周末出现逆跌；第二周的周六（3 月 23 日）票房收入再次上扬，成为 2019 年开年票房“黑马”，“长尾效应”明显。2019 年 3 月 16—18 日，该影片连续 3 天单日票房收入过亿元；3 月 15—26 日，电影连续 12 天成为单日票房冠军，期间 12

部新片上映仍未影响其冠军位置。

2. 抖音成绩

与同期上映的电影相比，《比悲伤更悲伤的故事》在抖音平台取得了超高热度及曝光度，话题播放量远超同档期其他电影。相关话题连续 3 天霸屏抖音热搜榜。

- 热搜榜第 1 位：# 看比悲伤更悲伤的故事要带纸巾 # 话题。
- 热搜榜第 3 位：# 比悲伤更悲伤的故事看哭了 #；#××× 给影迷发纸巾 # 话题。
- 热门话题播放量：# 比悲伤更悲伤的故事 #8.6 亿次；# 比悲伤更悲伤的悲伤故事 #1.6 亿次。

点评人：李晓丹 《经济观察报》宏观经济研究院秘书长、现代广告杂志社副主编

从“带足纸巾”的独特观影提示到刷爆抖音的悲伤哭泣短视频，在《比悲伤更悲伤的故事》约 9.5 亿元票房收入背后，日活跃用户量达 3 亿户以上的抖音发挥了什么作用？如果进行复盘，那么抖音的短视频营销至少做对了 3 件事。

第一件事：通过用户属性和抖音用户的精准匹配找准了受众群体——16 ~ 20 岁偏下沉城市的年轻女性。这部分女性更容易对电影情节产生共鸣，触动泪点。

第二件事：对预告片、特辑、海报、剧照进行精心再创作，配合抖音热门玩法和背景音乐，抓住用户眼球。

第三件事：在裂变传播阶段，通过“好哭”的情绪传染，让用户自发进行内容阐述和传播，电影里的金句台词、抖音背景音乐形成了二次传播，《只是太爱你》作为电影片段在抖音的配乐也被带上了抖音热搜榜。

《比悲伤更悲伤的故事》能够逆流而上，抖音短视频功不可没。在票房之外，应该关注的是视频平台的大数据和传播优势对影视行业的影响。电影营销借势视频平台已经成为新趋势，电影的定制化传播将出现更多新玩法。

G-STAR RAW：源力自然行动

获奖单位：极星服饰商贸（上海）有限公司（G-STAR RAW）、鹰飞创意营销（FALCON MARKETING）

项目简介

G-STAR RAW 是牛仔裤专家，非常重视每件产品的品质，故不断努力钻研，在提高技术之余，也注重创意。G-STAR RAW 一直致力于尝试突破牛仔布丹宁（Denim）界限，将艺术、音乐和时尚融合起来。

G-STAR RAW 产品结合中国国情，大力推广“可持续”的环保面料产品，并于 2018 年秋季推出了明星系列 FORCES OF NATURE。为了宣传品牌理念及系列产品，G-STAR RAW 于 2018 年特别策划了“源力自然行动”，与明星合作，开展了以环保、可持续发展为核心理念的“来福士环保艺术展”“TMC 天猫潮流盛典”“久光巡展”3 场大规模的线上线下活动。G-STAR RAW 将环保理念融入活动的每一个细节，从产品到活动设计，再到线上推广，每个环节都传达了“源力自然行动”的主题。

品牌定位

G-STAR RAW 品牌始终保持一贯的高品质，准确把握设计与沟通的方向，力图成为公认的、创造未来经典产品的丹宁引领企业，力争做可持续发展的领跑者。

G-STAR RAW 的品牌定位为：引领潮流，专注于创造优质的丹宁布。

1. 目标消费者的价值观及兴趣爱好

（1）创意人。

价值观：原创、不符合常规、品质、独一无二、可持续性。

兴趣爱好：艺术、文化、环境、自然、时尚、夜生活、烹饪。

（2）成就者。

价值观：卓越、革新、可持续性、品质、前卫。

兴趣爱好：旅游、运动、舞蹈、交友、外出就餐。

2. 品牌语言

G-STAR RAW 的品牌语言为精致而坚韧、成熟而诱惑、沉稳而叛逆。

3. 品牌代言人粉丝分析

G-STAR RAW 对品牌代言人粉丝的地域、年龄、兴趣、性别分布情况进行了分析。

1. 明星合作

明星合作的具体内容包括杂志拍摄、出席活动、签名海报和微博广告。

2. 3 场巡展

G-STAR RAW 以“来福士环保艺术展”（环保艺术展、Big Day、店铺支持）、“TMC 天猫潮流盛典”（TMC 大秀、TMC Booth、创意互动）、“久光巡展”（环保艺术展）3 场展览为核心，引发线上线下一系列大流量行销事件。

3. 公关宣传

此次营销项目拟定“G-STAR RAW 携手 ××× （明星），开启源力自然行动”

新闻通稿，邀请包括《世界时装之苑》《时尚芭莎》《瑞丽服饰美容》等约 50 家媒体参与活动宣传。

4. 产品营销设计

G-STAR RAW 制定了详细的“源力自然行动”营销设计方案。

G-Star RAW

源力自然行动

	2018年7月	2018年8月	2018年9月	2018年10月	2018年11月
线下活动				来福士展览；TMC展览	久光展览
明星合作	杂志拍摄7月24日		工作室微博9月1日	×××出席及发布微博；Jaden Smith出席	
媒体采购	杂志拍摄7月24日		《时装男士》出街 9月15日—10月31日		1P资讯
社交媒体	微信大号/KOL采访			微信大号宣传推广	
媒体公关		稿件撰写8月1—31日	宣传发稿9月1日	落地活动发稿10月17日	
品牌官微			G-Star官方双微Kick off 9月1日	G-Star官方双微10月17日	
门店活动		GWP设计与制作8月1—31日	全国门店GWP上线，丹宁回收活动9月1日—10月31日		店铺促销活动

▲ “源力自然行动”营销设计方案

1. 品牌 × 国情＝理念

结合中国国情及可持续发展理念，2018 年，G-STAR RAW 从品牌内涵、产品设计到整个现场设计、文案表述等，每个环节都融入了“环保”这一概念，期望消费者能够感受到不一样的“可持续”美学。

2. 品牌 × 活动＝话题

G-STAR RAW 倡导保护环境、守护自然，线上热炒“源力自然行动”主题。# 源力自然 # 话题在媒体平台上再次掀起时尚界“可持续创新”浪潮。

3. 品牌 × 明星 IP ＝卖货

品牌代言人作为此次 G-STAR RAW“源力自然行动”的行动“卫士”，空降活动现场助力环保，与活动参与者共同守护自然，一起围观废旧丹宁如何变身为陈列的艺术品，活动当日引爆现场。

2018 年 10 月 17 日，品牌代言人以“源力自然行动”护卫的身份应邀参加上海来福士 G-STAR Raw 现场活动，并与品牌一起揭幕环保主题展。在活动中，品牌代言人向媒体、消费者和粉丝分享了自己在环境保护方面的经验，呼吁大家共同为可持续发展做出贡献。50 多家媒体参与了此次活动，超过 5000 名粉丝和消费者到场支持。

展会期间，观众总数约 31.53 万人次，互动总量约 2.36 万人次。

此外，G-STAR Raw 在上海来福士的活动中通过多家媒体发布了 54 份公关报道，共完成 915 474 欧元的公关价值。

点评人：徐郢　贵州茅台集团浓香习酒公司顾问

20 世纪 90 年代，荷兰品牌 G-STAR RAW 首开超立体剪裁风潮，凭借色彩纯净的原牛面料、贴身勾勒的线条、炫酷凌厉的街头感，成为北欧乃至全球潮流界的翘楚。只是在后来相当长的时间内，G-STAR RAW 逐渐被人淡忘，2018 年终于厚积薄发，系统展现了这个丹宁老品牌的硬核“复兴之路”。

硬核宣言昭示的硬核战略

G-STAR RAW 把整个营销活动命名为“源力自然行动”，系统地阐述了其从 2010 年就开始对水资源实现零浪费、100% 采用电染染料、从每个铆钉到每条拉链实现100%回收等举措。宣言背后是品牌态度与战略——不仅为品牌正本清源，强化品牌负责任、关爱环境的姿态，而且代表整个产业向全球公众做出可持续发展的承诺，对于整个牛仔生态链起到了正向引领作用。

硬核产品创新背后的硬核洞察

在服饰产业中，产品力是一切的根本。本次产品创新灵感来自于对环境影响的3个元素：蓝色水之力系列以瀑布为灵感；白色系列以沙漠作为设计元素；月之力系列强调野生动物保护。3款产品性格鲜明，深度契合自然环保主题，表明的态度更是对于环保乃至人类生存层面的深度思考。而这些正是品牌对行业、竞争格局和目标受众深度洞察的结果。

硬核代言人代表的硬核聚焦

本次营销策略采用双代言人制，全球代言人是全美超级青年偶像，也是美国新生代人群中最具代表性的歌手之一，热衷于时尚与环保；中国代言人为青年偶像，其所倡导的环保理念与G-STAR RAW核心概念非常契合。双代言人制不仅最大限度地扩展了目标受众群体，无缝实现了文化与价值观的兼容，而且强化了品牌的态度。

硬核动线联动的硬核场景

G-STAR RAW营销活动首站选择在上海年轻人潮流生活聚集地——来福士广场，用回收的废旧丹宁产品制成14米长的大型牛仔鲸鱼装置，并将3个服装主题做成CG动画，打造360度沉浸式的体验空间，成为上海网红“打卡地”。2018年10月16日，G-STAR RAW在此为品牌代言人颁发“中国环保大使”和“中国可持续牛仔大使”证书，通过这些行动深度捕获目标受众。第二站选在“双十一”天猫盛典期间，把全球代言人从美国请到北京作开场演出，之后进行“源力自然”走秀，收获了8亿次线上观看量及高达2600万次的视频播放量，互动量超过1亿人次。第三站把环保主题艺术展带到久光商场进行持续展览。从线下事件造势到线上引爆收割，再到线下“长尾效应”释放，G-STAR RAW实现了展示场景、体验场景、售卖场景及态度场景的完美融合，呈现出一条清晰的营销动线。

正是通过以上系列动作，G-STAR RAW展现出一个昔日老品牌重回辉煌的硬核志向、新派步履、青年姿态，“硬核新青年”当之无愧。

国美“北斗”项目

获奖单位：国美零售有限公司

各行各业对互联网科技的新布局、新应用已是大势所趋。而在国美看来，对先进技术的采纳首先应该考虑将服务效能转化为更先进的客户体验。从 2018 年开始，国美广泛开展了“北斗”项目，针对服务痛点，通过技术赋能服务，在物流和服务 2 个环节提升服务效率、深化专业化水平、强化监管机制，进而全面升级消费者服务体验。这是国美“新业务、新市场、新技术”的“三新”战略下的又一重大举措，也是国美向“家·生活”服务解决商全面转型的重要内容。具体来说，国美“北斗”项目全面实现了 7 项星级服务，具体包括：①对售前、售中、售后服务自动分析监控，绩效考核、评价、奖惩自动智能化；②推行送货安装同行模式，无须多次打扰客户，减少客户等待时间；③统一售后服务收费标准，全系统化操作，避免人为因素造成的乱收费现象；④师傅形象标配统一，作业流程标准规范，提升专业能力；⑤展示服务人员的行为轨迹、头像、评价等信息，实现服务可视化；⑥适应消费升级趋势，创造超越客户期待的服务体验，将用户利益最大化；⑦以旧换新可实现自动估价，构建消费新场景，将用户旧物价值最大化。

通过技术创新赋能企业发展已成为国美核心竞争力之一。对国美而言，“北斗”项目的成功上线是一个新的起点，标志着其在横向和纵向上都实现了“服务 +”的升级。

在服务行业中，以下痛点长期普遍存在，国美“北斗”项目将着力解决这些问题：

- 服务问题不能及时有效处理；
- 送货和安装多次打扰顾客；
- 服务价格乱，顾客不安心；
- 上门服务标准规范不统一，体验差；
- 师傅上门时间不确定，顾客无法提前安排时间；
- 师傅不能及时到达，易迟到；
- 收旧业务不能自动估价。

（1）打造“家电＋家装＋家居＋家服务”及“家金融”一体化全渠道购物体验，将“商品＋服务”组合起来，提供整体解决方案。

（2）加大技术应用赋能，深度整合供应链和服务链，让服务成为公司核心业务和重要竞争力。

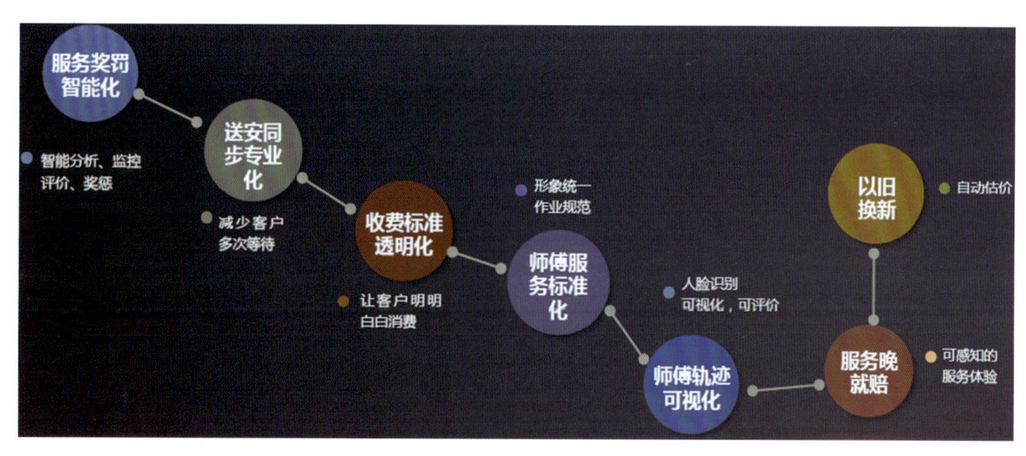

▲ 国美营销管理目标

（3）依托自身的供应链优势，加快三～六线城市市场门店布局速度，提升线下覆盖广度。

（4）使国美成为“家 · 生活”整体方案提供商、服务解决商、供应链输出商。

具体措施

（1）服务奖罚智能化：让差评 100% 得到自动处理，从而提升服务能力。

国美“北斗”项目借助百度大脑的 NLP（自然语言处理）能力，构建了智能评分平台，使服务师傅的顾客满意度得以直观量化，促进了服务改进，提升了服务效率与服务质量。服务评分的智能化使国美客服运营人力需求缩减 40%，客户投诉问题处理率达到 100%。

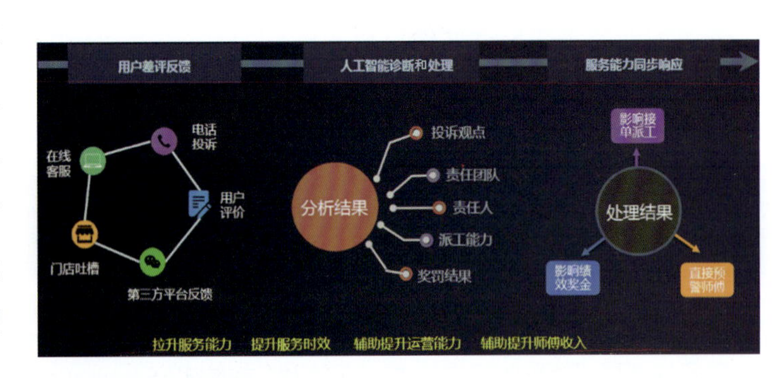

▲ 服务奖惩智能化

（2）送安同步专业化：无须多次打扰客户，避免客户反复等待。

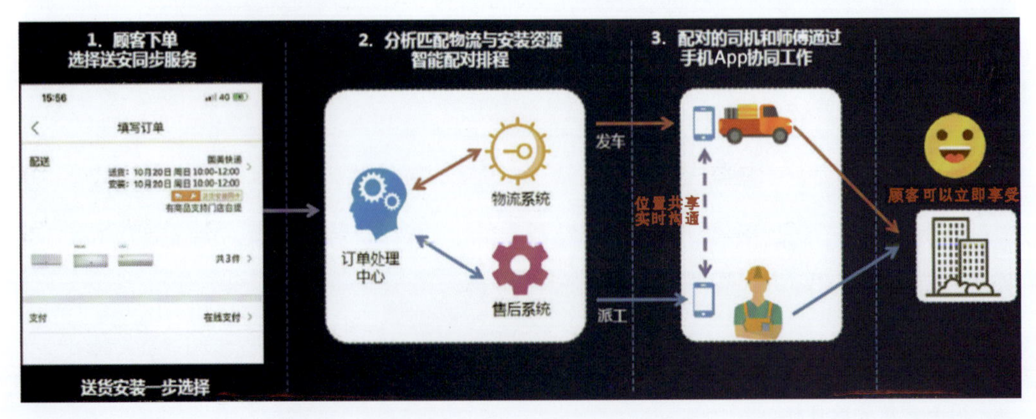

▲ 送安同步专业化

(3) 收费标准透明化：收费透明，顾客明明白白消费。

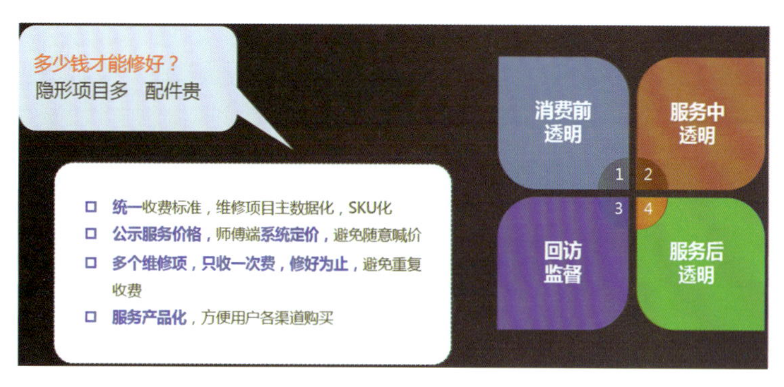

▲ 收费标准透明化

(4) 师傅服务标准化：作业流程标准规范，提升了师傅的专业能力。通过师傅上门形象标准化，提升顾客安全感，增加记忆点。

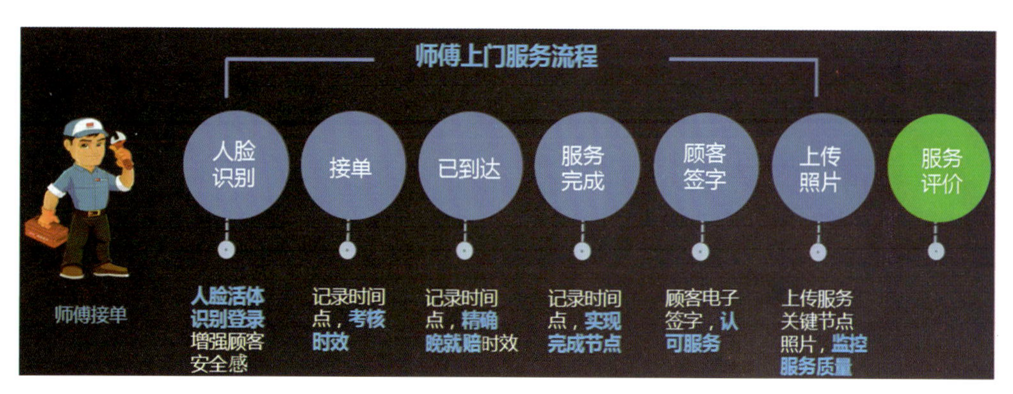

▲ 师傅服务标准化流程

(5) 师傅轨迹可视化：顾客可感知的标准化服务。

(6) 服务“晚就赔”：提升服务能力。

(7) 以旧换新：构建消费新场景，将客户旧物价值最大化。

线上线下全场景以旧换新，旧机标准化估价，避免随意叫价行为。回收完成后，系统发放收旧款和优惠券。

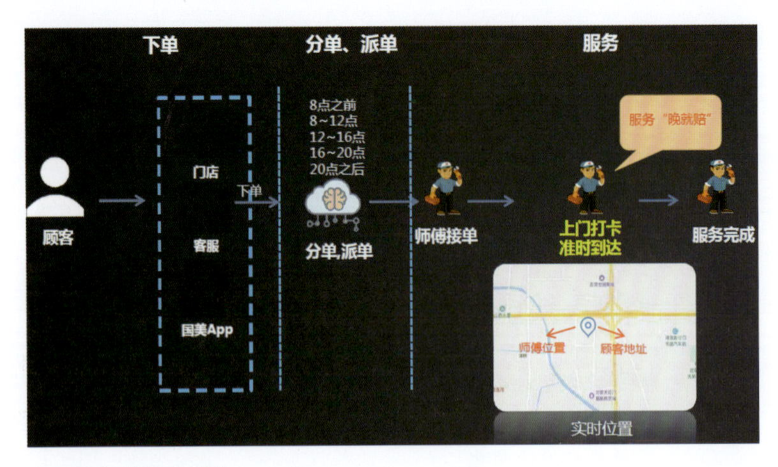

▲ 服务“晚就赔”

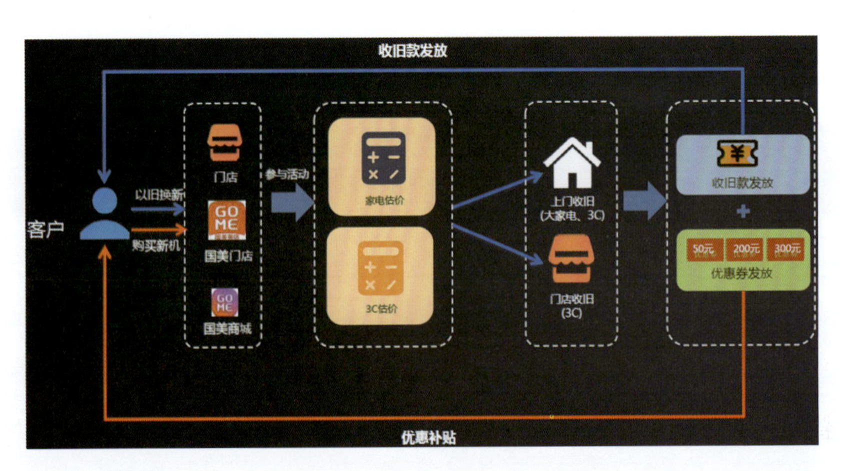

▲ 以旧换新

国美“北斗”项目的考评目标设定为：让顾客明显感知到国美服务的专业、快捷、安全、贴心、顺心、放心。

（1）在服务前，须达成收费透明系统化，让顾客明明白白消费。

（2）在服务中，须达成送、安同时到达，服务超出顾客预期；师傅轨迹可视化，顾客可随时知道师傅的位置；师傅准时到达，晚到及时赔；人脸识别师傅身份，实现电子身份证查验；完全落实系统化标准服务步骤。

（3）在服务后，须达成送、安服务结束，顾客电子签字；服务完成，顾客可评价服务质量。

目前，国美零售后服务平台——“国美管家”，拥有 1500 万累计用户，服务人员超过 2 万人，服务网点达 6000 多个。国美 2019 年上半年业绩报告显示，“国美管家”订单量同比提升 76%，服务 GMV（成交总额）同比增长 32%。这反映了消费者对国美服务能力的巨大肯定，服务已成为国美业绩新的增长点。

在导购服务中，国美同样通过技术改造实现了用户、客服与专业导购的三方直连能力，消费者可咨询国美全品类商品，进店销售转化率超过 50%。这不仅为用户带来了智能化的服务体验，实现了长期的高频连接，而且提升了运营效率。

2019 年以来，国美先后与海信、海尔、格力等品牌商搭建了售后服务直连系统，打通了渠道商与品牌商的服务通道。服务直连系统实现了售后服务的区域优势互补，填补了品牌商空白区域单据的处理能力，而且能够节省派工等待时间、提升服务单据的处理效率。实现服务系统直连后，国美与品牌商不仅节省了重复操作订单的时间，而且在服务质量上也起到了相互监督、共同提升的作用。此外，服务直连系统还实现了维修服务的分类匹配，“国美管家”可以基于家电销售信息数据的跟踪，通过智能化手段区别家电保内和保外维修，使用户通过其平台直接提交维修订单。而平台能自动识别订单类型，及时响应用户需求。服务直连系统使国美售后服务效率得到了大幅提升。

在整体服务体系效率提升后，国美的服务能力开始向第三方输出，实现服务“社会化”。目前，国美第三方客户包括小米、格力、海信、松下等品牌。2019 年上半年，国美服务第三方业务量占比达 30% 以上，实现了资源的有效利用。从供应链能力的优化、服务能力的提升到新业务的落地、新零售店的拓展等，通过技术赋能，国美正在持续快速推进“家 · 生活”战略。

点评人：薛江　中央美术学院展览策划与视觉传播博士研究生、设计师、策展人

处于移动互联时代的今天，技术创新已成为企业在市场竞争中的制胜法宝。零售行业也进入了以消费者为核心，以提升效率、降低成本为目的，以技术创新为驱动，实现要素、服务全面更新升级的新零售时代。国美“北斗”项目是新零售时代以技术创新引领服务升级、企业转型的成功典型。该项目是国美将先进技术赋能服务体验的创新实践，也是国美向“家·生活”服务解决商转型的一大创举。该项目针对目前零售行业在服务环节出现的用户痛点，通过对7个星级服务目标进行创新完善，使“国美管家”、安迅物流、九诺客服等整个国美“家”服务体系在平台管理、仓储服务、配送物流、客服管理等方面实现全面、系统的品质提升，从而为用户提供更优质的服务体验和需求解决方案，成功实现了要素、服务的全面更新和升级。国美“北斗”项目的成功实践不仅实现了国美自身用科技赋能服务、促进企业转型的战略目标，而且将对未来整个新零售行业的变革与发展产生重要影响。

韩都衣舍 2018 年开学季“天生 C 位”特别策划

获奖单位：韩都衣舍电子商务集团股份有限公司

策划背景

2018 年，高校首次迎来大规模“00 后”新生。2000 年出生的一代被称作“千禧宝宝”，如今他们已经步入成年。作为“00 后”的老大哥，这一代人一出生就身居“家庭 C 位”：长辈们围绕着自己。在他们的父母中，拥有高学历者占比相对较高，更知道教育的重要性，不希望孩子“输在起跑线上”。因此，很多孩子两岁多就走进了亲子班。在家庭资源的支持下，特长班、兴趣班、辅导班始终陪伴他们左右。有很多孩子都具备专业特长，拥有专业考级证书。如今走进高校大门，他们开始了自己的“表演”时代，从“家庭 C 位”走向“社会 C 位”。

尽管他们出生在 21 世纪，但成长环境差异很大。在接到高校录取通知书时，他们有的在夏威夷的海滩享受日光浴，有的在建筑工地与父母一起劳作。韩都衣舍策划“天生 C 位”主题，就是希望条件好的“00 后”，会用自己的见识与专业特长来“Carry”（掌控）高校生活；那些与父母一起劳作的孩子，用时代稀缺的坚韧品质来“Carry”自己的未来。在他们完成学业走向工作岗位后，会带领中国走向“国际 C 位”。

#天生 C 位# 主题诠释

“C”有两种含义：一是 Center，即中心，强调“00 后”生来就是家庭焦点；

二是 Carry，即掌控，强调“00 后”要有担当，掌控未来。

（1）家庭 C 位。

“00 后”作为独二代，他们生来就有长辈的围绕，享有更好的家庭资源。从家庭来看，他们“天生 C 位”。

（2）实力 C 位。

“00 后”享有更好的资源，天生比父辈“段位”更高，从小就开始特长培训与专业学习，童年用努力换得专业特长，现今一朝“出道”，连玩耍都是“专业级”，可以说“实力 C 位”。

（3）时代 C 位。

迈入高校，“天生 C 位”带来的优势会让他们有更清晰的目标，但是如何继续“Carry”未来，占据“时代 C 位”，还需要他们坚持不懈地付诸努力。

（4）国际 C 位。

“00 后”得天独厚的优势及其术业有专攻的特点也让他们有着抢占“国际 C 位”的能力。如今，在世界级的活动中也不乏中国“00 后”的身影。只要他们不断努力，相信未来会有更多的“00 后”用自己的实力在国际舞台上“发光发热”。届时，代表着一个时代的“00 后”也会将国家进一步推向“国际 C 位”。

1. 微博端：打造话题矩阵

在微博端，韩都衣舍重点打造话题矩阵，新浪微博话题阅读量超过 1.2 亿次，话题讨论量达 1.3 万条，覆盖粉丝量超过 2000 万人。

（1）韩都衣舍“韩少说”发起微博话题征集活动。“那一瞬，我被‘00 后’秒杀了”单条微博阅读量达 21.6 万次，转、评、赞互动量超过 1000 人次，超出预期效果。

（2）韩都衣舍与高校联盟发起开学季微博转发互动，针对高校特色，提出“不一样的‘00 后’大学生活”主题，号召高校微博协会畅想“00 后”的大学新鲜事儿。官方微博发起的原微博阅读量达到 138 万次，粉丝转、评、赞互动量超过 3000 人次。

（3）2018 年，韩都衣舍在开学季策划了 #00 后开学季·天生 C 位 # 微博话题，话题阅读量突破 1.2 亿次，讨论量超过 1.3 万条，话题增粉近 1 万人。

（4）2018 年开学季，韩都衣舍微博话题 # 天生 C 位 # 邀请脉动、霸王、良品铺子等企业联合参与，使受众群体接近“00 后”的网红品牌与“韩少”一起组成“韩少探秘天团”，解密“00 后”C 位攻略。在微博积极打造“蓝 V”矩阵，共计超 30 家企业“蓝 V”参与联动造势，主动跟进话题，参与形式多样，覆盖粉丝量超过 1500 万人。

2. 微信端：打造内容矩阵

韩都衣舍在微信端共发布稿件 10 篇，结合视频、H5（移动网页）开展抽奖活动，覆盖时尚类、电商类等多类别内容官方账号，全方位打造内容传播矩阵。

3. 短视频

（1）抖音。

韩都衣舍在 2018 年开学季拍摄了 15 秒抖音短视频，结合“民兵小分队”（韩都衣舍客服团队）视频编辑、上传，# 在抖音，记录美好生活 #、# 开学 # 话题视频播放量超过 2 万次。

（2）H5。

韩都衣舍制作传播开学季的《开学宝典》H5，在微信、微博平台进行传播，受众参与量较高，覆盖超过 1 万人次。

（3）微视。

韩都衣舍在开学季拍摄了微视短视频，结合“民兵小分队”视频编辑、上传。

4. 头条端及门户网站

韩都衣舍在多家平台发布公关稿件，曝光量超 1000 万次。

5. 效果指数

由于重点推广宣传“天生 C 位”，韩都衣舍各项指数（百度指数、微信指数）与平时相比，均有较大提升。

（1）百度指数变化分析。

韩都衣舍在 2018 年 9 月 25—28 日策划传播期间，一周百度指数平均近 8000，其中在#天生C位#话题传播爆发期的9月27日达到峰值8156，百度指数比平时暴涨62倍。

(2) 微信指数变化分析。

在#天生C位#微信传播爆发期的2018年9月26日，韩都衣舍微信指数达到峰值220 914，日环比增长91.44%。

点评人：姚东　新意互动联席总裁

“韩都衣舍”这个案例令人赞叹之处是低投入、高产出。

这是由品牌的公关部门策划并实施的一个只有几万元预算的传播活动，但对用户洞察的准确性和营销时机的完美把握，以及韩都衣舍作为互联网服装品牌所天生具有的营销闭环优势，让这个微小的火光成了天空中“不一样的焰火”。

服装是一个人个性自我诠释的最直接的工具，进入大学校园的“00后”们，天性获得了一个释放的机会，不用再穿肥大的校服，可以通过自己的选择去创造抖音视频里所描摹的“C位人生”。

此次韩都衣舍的企划们恰恰是抓住了目标客户群体这一有趣的“刚需洞察”，通过不断强化的小创意、小互动，唤醒目标客户群体的自我认知，进而使他们对品牌产生认同感。同时，韩都衣舍社会化营销的“共情效应”又使话题进一步扩散，从而获得了更大的曝光率和更高的知名度。

在销售转化端，市场人员更加敏感地意识到，这批“00后”是长辈们的“C位宠儿”，正处于对奢侈品暂时“无感”，对互联网时尚品牌消费“有感”，且有消费能力的阶段。而且在开学季，新生往往是带着亲朋好友的各种“红包祝福”进入新鲜的大学校园的，新的社会环境、新的角色定位、新的情感归属都需要通过服装来表达。而作为互联网“婴儿”一代，他们早就习惯了“动动手指，愿望即可实现”。

成功不是偶然的。以内心情感为出发点，从社会角色认同到自我实现，再到物理需求的满足，马斯洛需求层次理论在这个案例中得到了巧妙的诠释和呈现。

在特定的时间和场景，针对特定的人群，做出正确的事情，取得完美的成果，这就是“杰出营销奖”倡导的实效营销和创意营销精神。我们为这些充满无畏创造力和洞察力的年轻营销伙伴们“打call”，祝愿他们在“杰出营销”的道路上越走越快、越走越远！

“华夏基金”养老子品牌之品牌营销案例

获奖单位：华夏基金

1. 我国老龄化问题严峻

国家统计局2018年发布的《人口与劳动绿皮书：中国人口与劳动问题报告No.19》显示，我国60岁以上人口数量达2.49亿，占总人口的17.9%，老年人口数量首次超过0～14岁人口数量，老少比迎来历史性拐点；65岁以上人口数量达1.67亿，占总人口的11.9%。

2. 我国养老金体系面临多重挑战

首先，最明显的是养老金替代率持续下滑。2000年以后，我国基本养老保险替代率持续下降，从1997年的76.34%下降到2017年的46.44%。世界银行报告指出，养老金替代率达到70%～80%才能保障退休生活水平不下降。

其次，养老金存量不足。截至2016年年末，我国养老金占国内生产总值（GDP）的比重仅为7%左右，而同期经济合作与发展组织（OECD）国家养老金占GDP的比重已超过70%。

最后，养老金增量有限。根据中国社会科学院世界社保研究中心发布的《中国养老金精算报告2019—2050》，2019年当期收不抵支的省份（自治区、直辖市）高达16个，低于警戒线的省份（自治区）有5个，11个省份（自治区、直辖市）介于基准线和警戒线之间。

3. 首批养老目标基金获批，迎来历史性发展机遇

华夏养老目标日期 2040 三年持有期混合型基金中基金（FOF）[以下简称“华夏养老 2040 三年持有混合（FOF）”] 等基金成为首批获批的公募养老基金，具有里程碑意义。作为运作规范的财富管理机构，公募基金契合养老金运营安全性的要求；公募基金拥有丰富的产品类型，并培育了一大批专业的投资管理人才，能匹配养老金多方面需求。以华夏基金为代表的公募基金公司经过 20 多年的积累与发展，已经成为养老金投资的重要参与者，积累了丰富的管理经验。养老目标基金的正式推出，对于丰富居民养老投资选择、促进基金行业发展、深入推进我国养老金融事业有着深远意义。

4. 市场挑战大

目前，我国存在养老准备意识不足、长期投资理念缺失、第三支柱配套制度和账户体系不完善的问题，开拓养老市场的压力和困难较大。

1. 营销挑战

（1）养老准备意识不足。

我国个人养老意识尚未完全被唤醒。根据清华大学老龄社会研究中心、清华大学经济管理学院中国保险与风险管理研究中心及腾讯金融科技智库 2018 年联合发布的《国人养老准备报告》，超九成受访者尚未开始做退休规划，近七成受访者还未开始为养老做财务上的准备，仅有约 13% 的受访者认为自己的财务准备很充足或较为充足。针对目标群体的情况，养老基金最大的难点在于“唤醒”年轻人的意识。

（2）长期投资理念缺失。

投资者自发进行的资产配置行为很容易受到市场短期波动的影响。

（3）第三支柱配套制度和账户体系尚未完善。

制度具有强制性和约束力，良好的制度设计可以有效解决养老驱动力问题，同

时需匹配税收优惠、限制赎回等配套措施。在没有上述制度安排的情况下，开展养老产品推进工程时，单纯依靠投资策略很难吸引客户。

2. 营销目标

（1）准确定位，向年轻人传播养老理念。

华夏基金首批养老目标基金定位为中青年养老产品，需将定位精准地传达给具有不同认知水平、处在不同年龄阶段、具备不同投资能力的用户。

（2）独家首发，有效实现销售促进和转化。

华夏基金首家推出养老定投基金，在既定时间内（产品发行中后期）于线上实现华夏养老 2040 三年持有混合（FOF）的销售转化（首发阶段仅在直销端）。

（3）树立华夏养老子品牌，成为行业标杆。

通过华夏养老 2040 三年持有混合（FOF）启动发行及投资者教育，树立华夏养老子品牌在行业中的标杆形象。

1. 战略布局

（1）提早布局，树立先发优势。

华夏基金提前布局，早在 2017 年就预判养老业将成为下一个“风口”，对养老基金进行了充分的专业研究储备，并且已经准备了面向各类风险偏好客户的一系列养老产品方案。首批养老目标基金获批前，华夏基金率先主办“多彩人生·幸福再起航——2018 年华夏基金养老高峰论坛”，邀请专家和养老金专业投资人士畅谈养老金发展趋势。华夏养老子品牌在此论坛上正式亮相，为养老目标基金的推出蓄势。

（2）另辟蹊径直销发行，占领“首只”概念。

由于销售渠道尚处在测试系统阶段，在首批获批的大多数基金公司仍在等待渠道完成系统升级时，华夏基金就已独家在自有直销平台首发养老目标基金，由此完成了两个“首只”概念。

◐ 首只成立的养老目标基金：华夏养老 2040 三年持有混合（FOF）提前 6 天结束募集并正式成立，募集有效认购户数为 37 585 户，是首批养老基金中最多的。

◐ 首只可定投的养老基金：华夏养老 2040 三年持有混合（FOF）在成立 1 个多月后正式放开了申购与定投，打开了银行、券商及天天基金、蚂蚁财富等 30 多个销售渠道，该基金也成为业内首只可定投的养老目标基金。

（3）全球化合作。

华夏基金和全球投资管理行业领导者、养老金领域专家富达国际共同举办新闻发布会，宣布建立独家合作伙伴关系。双方表示，将在目标日期基金方面展开深入合作，共同推进目标日期基金在中国的发展，为投资者提供更好的养老产品和服务。60 多名记者和“大 V”参加了此次发布会。会后，全国百余家媒体发布了新闻报道，会议影响深远而广泛。

（4）树立品牌，带动产品。

华夏基金围绕养老子品牌的建设，坚持“以品牌带动产品”的宣传策略，面向受众开展全方位、多元化、差异化的品牌推广策略，借助政策热点，爆发式宣传品牌，扩大华夏养老子品牌在养老领域的影响力。面对庞大的潜在需求，华夏基金制定了“养老投资选华夏”的口号，突出了华夏基金的产品及专业优势。

2. 先发制人

在首批养老基金获批和获准发行的两个关键时间点，华夏基金展开了积极宣传。很多媒体在报道时将华夏基金放在了 6 家获批公司之首。华夏基金也是市场首家推出投资者教育宣传视频及场景化养老投资者教育长图的公司。华夏基金从投资者在实际投资中遇到的问题出发，提出华夏养老 2040 三年持有混合（FOF）针对此类问题的解决方案，抢占舆论先机。

3. 精准触达

华夏基金将目标群体精准定位为年轻人，用年轻人喜爱的方式进行投资者教育和品牌触达；去年轻人聚集的地方，告诉他们养老需要做哪些事情。华夏基金先后制作了养老微电影《时间》、投资者教育节目《华夏养老气象站》、养老计算器、养老科普长图，并在蚂蚁财富的线上平台“财富号”上建立养老基地、在知乎发起养老规划讨论等，用一切可能触达投资者的方式，传递尽早进行养老规划的理念。

4. 创意吸睛

华夏基金推出了业内首部养老微电影《时间》，讲述一位生活在 2040 年的“宅男”通过时间穿越遇见年轻时的自己，用尽浑身解数改变命运的故事。微电影于故事背后传递“时间成就价值”的投资理念，与养老目标基金所倡导的长期投资理念紧密契合，在微信等平台推出后引发了大众对养老话题的讨论。

随后，华夏基金还推出了《 华夏养老气象台》节目，共计 3 期，以寓教于乐的形式面向“小白”用户进行投资养老教育，同时反复植入“养老就像滚雪球，一次投入加定投”“养老为何选华夏”等核心卖点。节目在直播群内搭载发红包活动，3 场直播总计浏览量超 2.5 万次，总参与量超 6300 人次。后期节目内容在华夏基金管家 App 及蚂蚁财富的“财富号”养老专区同步上线。

5. 二次首发，首推定投

华夏养老 2040 三年持有混合（FOF）产品首发、二次发行期间，华夏基金重点进行“一次投入 + 定投模式”的推广，打造极具辨识度和互动性的“养老就像滚雪球”主题形象。

- 品牌层面：借势首发优势，宣传华夏养老子品牌，在产品拔得头筹之后，保持行业引领优势。
- 客户层面：持续进行投资者教育，特别是针对 75 ～ 85 岁年龄层的目标客户的意识唤醒。
- 产品层面：整体包装“首付 + 定投”的养老规划方案，引导投资者通过“一次性投资 + 定投”的方式规划养老投资。
- 渠道层面：制作投资者教育类系列宣传文案，配合转发有奖活动、媒体宣传、图文、视频、游戏、答题等，促进产品在各渠道的传播。

6. 媒体宣传，全网覆盖

根据养老目标人群理财产品的获知渠道和投资行为规律，华夏基金选择不同的媒介对发行信息进行广泛覆盖，以使产品特点精准触达、核心优势深度强化。

（1）主流财经媒体全网宣传。

华夏基金在《证券日报》和金融界开辟了养老投资专栏；华夏养老团队接受了《上海证券报》专访；华夏基金高管接受《中国证券报》、《证券日报》、《每日经济新闻》、金融界、新浪网等媒体专访，并在多家媒体举办的论坛活动中进行养老相关主题演讲。

华夏基金与《三联生活周刊》年度生活大会合作，以“中产阶级与养老规划”为主要方向，借助平台力量宣传华夏养老品牌，主要包括线下活动品牌露出、公司领导作为对话嘉宾、《三联生活周刊》报道和官方微博、微信宣传等方式。

（2）跨界知乎话题营销。

华夏基金在知乎平台上发布了“20 年后面临中老年危机，什么能提升你的安全感”的提问，在知乎站内引发热烈反响，收获近万条回复。华夏基金将网友回复的内容制作成 H5，引发了广大网友对养老问题的关注和讨论。

（3）新媒体宣传。

- 蚂蚁财富平台“财富号”传播。

华夏基金特别开发包含知识科普、答题互动活动、专业“大 V”互动、养老计算器于一体的互动产品页——“养老基地”，并在蚂蚁财富官方“财富号”上开设“养老基地”一级菜单，进行重点推荐。

- 华夏基金官方微信平台传播。

华夏基金官方微信账号（华夏基金财富家）以图文结合的形式发表多篇养老目标基金主题文章，并在账号首页开设“华夏养老”一级子菜单，一键向投资者推送养老目标基金科普文章。

- 新媒体海量投教素材传播。

华夏基金通过制作 4 期“养老金的真相”专题，以图文形式生动形象地向投资者传达了养老金投资理财知识。此外，华夏基金还以“养老小白 100 问”等小专题形式日常发布、转载养老金投资管理相关文章。

华夏养老 2040 三年持有混合（FOF）发行期间，自媒体相关宣传稿件总计 26 篇，并开展 4 场微信互动活动及 12 场产品问答活动，总阅读量近 50 万次。

（4）运用高铁等高流量媒体载体广泛曝光。

投资者对品牌及产品的“认知 - 认识 - 购买”链条长，每一步的转化成本都很高，且效果受到多重因素的影响。基金产品自身所具有的“服务的抽象性”特点又使加强投资者“认知”的工作难度加大，需要通过反复宣传才能实现转化。

在线上投放广告的同时，华夏基金选择人群比较集中的京沪线高铁（“复兴号”）进行线下广告投放。京沪线高铁“复兴号”在北京南站、上海虹桥站双向首发，主要覆盖北京、上海、南京、济南、天津、苏州等城市，乘客以中高端商务人群为主。考虑到乘客在整个乘车过程中对封闭环境的信息接触时间长，华夏基金广告投放选取列车头片、桌贴及海报 3 种广告形式，更容易通过浸入持续触达，强化宣传效果。广告投放期间，华夏基金曝光量达 253 万次。

（5）垂直媒体深度推广。

华夏基金选择在新浪、雪球、凤凰网等专业性较强的垂直媒体进行推广，更为广泛地覆盖多层次的目标投资者。

（1）垂直媒体传播效果。

除以上营销活动效果和已提及的传播效果外，华夏基金在新浪、雪球、凤凰网等专业性较强的垂直媒体投放养老广告，更为广泛地覆盖多层次的目标投资者，见表 1。

表 1　华夏基金垂直媒体传播效果

媒体	累计曝光（次）	点击量（次）
新浪	4 473 236	81 537
雪球	2 590 246	41 276
界面	449 695	87 758
凤凰网	4 200 001	51 402
金融界	101 176 142	165 085
蜻蜓 FM	10 458 781	69 398
喜马拉雅（财经频道 TOP10 音频贴片）	12 506 397	19 037

（2）提前结束募集。

华夏养老 2040 三年持有混合（FOF）仅在华夏基金官网、官方 App 和子公司华夏财富等直销渠道销售，原定募集期为 2018 年 8 月 27 日—9 月 17 日，最终提前 6 天结束募集。

（3）首发认购户数最多。

华夏养老 2040 三年持有混合（FOF）首募规模达 2.11 亿元，募集有效认购户数为 37 585 户，户均认购规模为 5627 元。

（4）高管全员积极认购。

华夏基金公司高管全员认购，员工积极认购，用行动践行理念，率先担起了行业责任。

（5）开放定投后新增 7.13 万户持有人。

华夏养老 2040 三年持有混合（FOF）在开放申购与定投后，截至 2018 年年末，又获得了约 1.15 亿份申购，持有人新增 7.13 万户。

点评人：吴晓晶　蜻蜓 FM 原品牌市场副总裁

向年轻人兜售一只养老基金，听起来似乎是一个难以完成的营销挑战。但是，华夏基金做到了。

华夏基金精准洞察到年轻人缺乏养老保障意识、长期投资理念缺失的痛点，认为让目标群体接受养老基金最大的难点在于“唤醒”年轻人的养老意识。

于是，华夏基金提前布局，抓住首批养老基金获批之后的高光节点，在 6 家获批公司中率先展开宣传攻势，第一时间抢占话题。

然后，华夏基金又牢牢锚定年轻人市场，推出业内首部养老微电影《时间》，讲述一位生活在 2040 年的“宅男”通过时间穿越遇见年轻时的自己，用尽浑身解数改变命运的故事，传递“时间成就价值”的投资理念，与养老目标基金所倡导的长期投资理念紧密结合。这部微电影在微信等平台推出后引发热议，成功激起公众对养老话题的关注。

之后，华夏基金又结合产品开放定投期，推出《华夏养老气象台》系列节目，以寓教于乐的形式面向“小白”用户进行投资养老教育，并在直播群内搭载发红包活动，3 场直播共计浏览量超 2.5 万次，总参与量超 6300 人次，实现了品效合一。

最终，华夏养老 2040 三年持有混合（FOF）取得了提前结束募集期、首发认购户数最多、开放定投后新增 7.13 万户持有人等出色成绩，在竞品中脱颖而出，也为华夏基金在养老领域的品牌建设开了个好头。

立邦“‘为爱上色’艺术 +”

获奖单位：立邦投资有限公司

项目背景

2016 年，立邦发起“‘为爱上色’艺术 +”项目，通过邀请在全球范围内享有盛誉的艺术家与设计师，以“儿童关怀和动物保护”为主题，在城市民居及偏远地区的希望小学进行墙绘创作，用色彩传递力量，美化城市环境及校园生活。

项目内容

“‘为爱上色’艺术 +”项目是立邦企业社会责任项目之一——“为爱上色”公益旗下的重点项目，每年邀请十余位在全球范围内享有盛誉的知名墙绘艺术家和设计师，于建筑高墙上进行巨幅墙绘创作，将艺术和色彩融入城市和乡村，唤起人们对儿童关怀与动物保护的关注，让艺术与色彩走进更多人的生活。

“‘为爱上色’艺术 +”项目分为城市彩绘和学校彩绘两部分。城市彩绘遍布北京、上海、成都等多个城市，旨在用色彩打造美好的城市人文空间，美化城市社区环境；学校彩绘遍布安徽、湖南、湖北、江西、四川、内蒙古、云南、青海等多个省份（自治区）的偏远乡村希望小学，旨在持续为中国偏远地区的孩子们美化校园、改善学习环境及普及美术教育。

2018 年年末，立邦将 2016—2018 年间创作的 66 幅墙绘作品集结成册，发布了极具纪念意义的作品集。超过 50 位“为爱上色”相关工作人员参与制作，共完成 260 页图文分享，作品集总字数突破 10 万字。

1. 社会效果

“‘为爱上色’艺术 +”项目启动至今，累计有 83 人次的国内外艺术家创作 111 幅大型艺术墙绘作品，其中城市彩绘 40 幅、学校彩绘 71 幅。2018 年至今，共计 26 位艺术家和设计师创作 54 幅墙绘作品，用色彩传递力量，帮助城市和学校构建活力自然的生活和学习氛围，并呼吁更多人参与儿童关怀与动物保护事业。

“‘为爱上色’艺术 +”项目的参与者不分国籍，除了中国国内艺术家与设计师，还有来自法国、瑞士、西班牙、阿根廷、意大利、加拿大、巴西等多国的艺术家。各国艺术家在参与创作的过程中走访多个城市，了解当地民族特色与传统文化，增进了中外文化的交流与共融，有助于中国文化走向国际舞台。

2. 传播效果

（1）微博效果。

针对“‘为爱上色’艺术 +”项目，2018 年至今，“为爱上色”官方微博发布 500 多条微博，开展 5 次微活动，共获得近 13 万人参与，微博阅读量突破 160 万次。# 为爱上色艺术 +# 微博话题获得 762.1 万次阅读量，讨论量突破 5.8 万条。“为爱上色”官方微信推送约 60 篇图文内容，开展 4 次微活动，共吸引 2000 多人参与，阅读量突破 5 万次。

（2）短视频效果。

2018 年至今，“‘为爱上色’艺术 +”项目邀请知名视频创作团队——二更视频参与拍摄 8 支视频，并在微信、微博、秒拍、腾讯视频、今日头条、爱奇艺、优酷等 20 多个平台传播，全网播放量累计达 4250 万次。

（3）直播效果。

2018 年 5 月，“‘为爱上色’艺术 +”项目邀请阿根廷艺术家在直播 App“一直播”

上开通实时直播，分享墙绘创作过程。该直播登上热门推荐位，共收获超过 1500 万次观看量，并同步获得知名主播的微博转发，累计阅读量达 203 万次，扩大了项目影响力。

（4）媒体报道。

“‘为爱上色’艺术 +”项目获得多家媒体的关注与报道。2018 年，上海电视台、ICS（上海外语频道）、浦东电视台、周到上海等多家上海主流媒体进行专题报道与艺术家专访，包括《新闻晨报》、《上海日报》、《浦东时报》、《环球时报》、人民网、东方网在内的 35 家媒体刊登相关报道，视频播放量达 1615 万次，总覆盖人群超 2 亿人。

点评人：刘文哲　现代广告杂志社主编

“为爱上色”是立邦运营了十多年的公益项目。2009 年，立邦发挥自身产品和品牌优势，以关怀儿童为目标，为偏远落后地区的希望小学和山区小学进行校园内外墙的重涂和美化，在此基础上又衍生出“‘为爱上色’艺术 +”和“大学生农村支教奖”两个公益项目。把校园内外墙的重涂和美化升华为美育和艺术，凸显了立邦品牌对爱和美的追求。“为爱上色”项目的持续运营，不断提升消费者对立邦品牌的好感度、美誉度，为立邦树立了良好的社会形象。

作为一家生产乳胶漆和艺术漆的企业，立邦的产品特性是改变和美化环境，从关爱落后地区弱势群体出发，瞄准了中国最需要改善环境的偏远落后地区的希望小学，通过对校园内外墙的重涂和美化，引起全社会关注。同时，校园内部环境的变化与外部环境形成的强烈反差，诠释了色彩之美，凸显了立邦品牌的产品特性。

为扩大“为爱上色”在城市的影响力，立邦还开展了“‘为爱上色’城市 +”项目，至今已有 43 位艺术家在北京、上海和成都进行了 40 幅墙绘作品创作。

在传播层面，立邦拍摄了 10 支视频，充分利用电视台、户外广告平台、网络媒体等渠道进行传播，播放量达到 3900 多万次。2019 年，立邦在上海进行了艺术家彩绘直播，1 小时的播放量就超过了 500 万次，UGC（用户生产内容）达 7000 多条，另有多家媒体进行了相关报道。

可以说，立邦以“关爱”为基点，以“上色”为途径，在公益项目中彰显企业社会责任感，助力企业品牌成长，找到了一条绝佳的品牌发展之路。

匹克“态极 IP”跑鞋“差评”营销

获奖单位：厦门匹克贸易有限公司、北京赞意互动广告传媒有限公司

项目概述

如何面对新品发布后的用户差评，并转负为正提升品牌口碑？匹克“态极 1.0PLUS”（即“态极 IP”）的前身产品——匹克“态极 1.0”火爆后，众多优化建议体现了消费者对匹克“态极”未来产品的期待。2019 年，匹克“态极 IP”跑鞋“差评”营销项目以消费者“差评”为创意，将“态极 1.0”升级迭代为“态极 1.0PLUS”，并将“差评”印在鞋盒上，通过 KOL（关键意见领袖）带货引发口碑互传。营销项目面向 Sneaker（球鞋发烧友）、年轻男性及泛大众，以“众创产品、差评”为传播点，在产品销售的同时，带动了社交媒体的广泛传播。

经此一役，“态极 1.0PLUS”在社交媒体平台产生了超高声量与自传播现象。“差评”营销不仅助力了产品销售，而且为匹克积淀了品牌资产，建立起了“踏实做产品、真诚做品牌”的大众认知。

市场分析

匹克是一个国货运动品牌，男性消费者一直占绝对主力。匹克“态极 1.0PLUS”

作为一双以科技和脚感为主打卖点的鞋，目标消费者仍然是一、二线城市广大的年轻男性，他们更看重鞋子的功能和科技感。

1. 核心目标消费者

- 标签：喜欢潮鞋的泛 Sneaker、匹克“态极”复购粉丝、年轻男性。
- 年龄：18~35 岁。
- 城市：一、二线（北京、上海、广州、深圳及其他省会城市）。
- 决策影响因素：年轻男性更在乎鞋的舒适度、功能、性价比等更实际的特性。
- 媒体行为：自媒体社交平台是年轻 Sneaker 的日常活跃“阵地”，在微博刷新闻，在 B 站（哔哩哔哩）、抖音关注 Sneaker 博主，在虎扑刷帖……他们追随 B 站和抖音的 Sneakerhead（球鞋发烧友头部 KOL 达人），容易在达人的宣传推荐下做出购买决策。

2. 泛目标消费者

- 标签：普通男性、泛大众。
- 年龄：18~35 岁。
- 决策影响因素：不那么追求潮流，大部分人热衷于电子产品，更看重鞋的性价比。

1. 总体定位

匹克“态极 1.0PLUS”是一款极具性价比的科技软弹跑鞋。

2. 核心卖点

匹克“态极 1.0PLUS”的核心卖点是“态极”科技带来的软弹脚感，且和竞品动辄 1000 元左右的售价相比，“态极 1.0PLUS”的售价仅为 499 元，性价比较高。

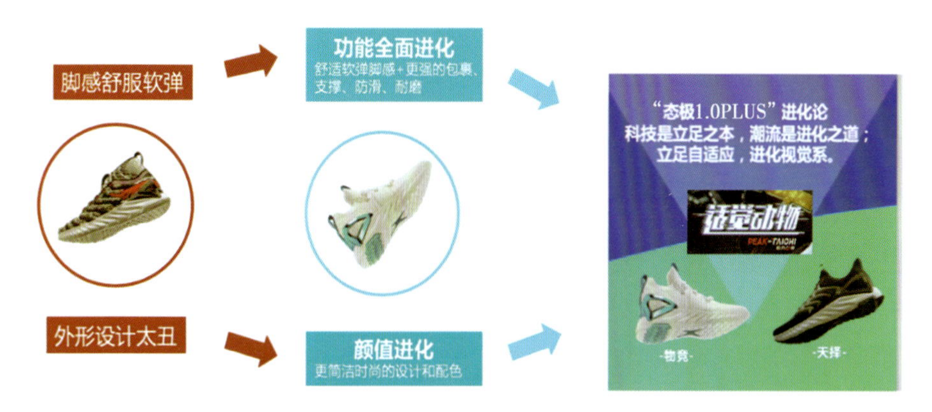

▲ 匹克“态极 1.0PLUS”进化过程

3. 次级卖点

匹克“态极 1.0PLUS”的次级卖点是品牌消费者共创。“态极 1.0PLUS”是基于消费者意见众创优化的一款产品。匹克品牌没有忽略用户对“态极 1.0”的建议，不仅凝聚粉丝众创，在短短 6 个月时间里就升级出了“态极 1.0PLUS”，而且真诚地把用户差评印在鞋盒上随鞋发售。目的是告诉用户，是他们众创了“态极 1.0PLUS”的品牌 DNA（基因）。

1. 品牌背景

匹克是一个带有三、四线城市印记的国产运动品牌，早些年曾退出大众视野。但在 2018 年 12 月—2019 年 5 月期间，匹克的“态极 1.0”自适应跑鞋凭借其“态极”科技带来的对标千元级跑鞋的软弹脚感和较高的性价比，犹如一匹“黑马”奔回了营销赛场，同时赢得了市场销量和口碑。

2. 核心创意

匹克“态极 1.0PLUS”是“态极 1.0”的升级版。“态极 1.0”上市后，虽然产品口碑极好，但不少匹克忠粉提出了很多优化建议，希望“态极”跑鞋可以更加完美。于是，匹克不仅认真听取了建议，而且把这些建议转化为行动，根据消费者的意见在“态极 1.0”的基础上升级出了“态极 1.0PLUS”。这是一双根本没有在匹克年度产品规划里的鞋款，更是一双真正由消费者意见众创而来的跑鞋。

本次“差评”营销项目以消费者的“差评”为核心创意，将产品“1.0”升级迭代为“1.0PLUS”并将消费者的差评印在了鞋盒上，以“众创产品”“差评”为传播点，通过 KOL 带货引发口碑传播。

1. 网红带货传播

（1）渠道选择。

匹克主要选择抖音、B 站上已经测评过“态极 1.0”且提出过建议的 Sneaker 博主进行带货传播，让这些曾经“批评”过匹克的人，通过自己的穿着体验，发自内心地点评“差评”包装。此举更能让人信服，更容易体现匹克“踏实做产品、认真听取消费者意见”的品牌形象。

（2）内容形式。

匹克以深度测评视频的形式直接体现产品功能卖点，比如用“左右崴脚”来体现产品在抗扭转支撑性上的提升，以此达到带货目的。

2. 品牌传播

匹克选择了与品牌重合度较高的微博数码圈博主，让他们亲自体验产品并深度点评，使广大潜在消费者在被“种草”的同时，也能感受到匹克“拥抱粉丝、年轻会玩”的品牌形象。匹克借助“态极 1.0PLUS”的众测，凸显了产品亮点，进一步引发了口碑传播。

3. 营销圈传播

为了让“差评”包装的口碑更具说服力，匹克邀请在营销界很有影响力的专业人士在朋友圈分享“态极 1.0PLUS”的亲身体验感受，并从营销角度点评“差评”包装营销事件。公关传媒专业人士的亲身体验和专业点评，可以从品牌高度让营销传媒从业者、泛大众更加信服，并加深对匹克“诚恳、会玩”这一品牌形象的认同感。

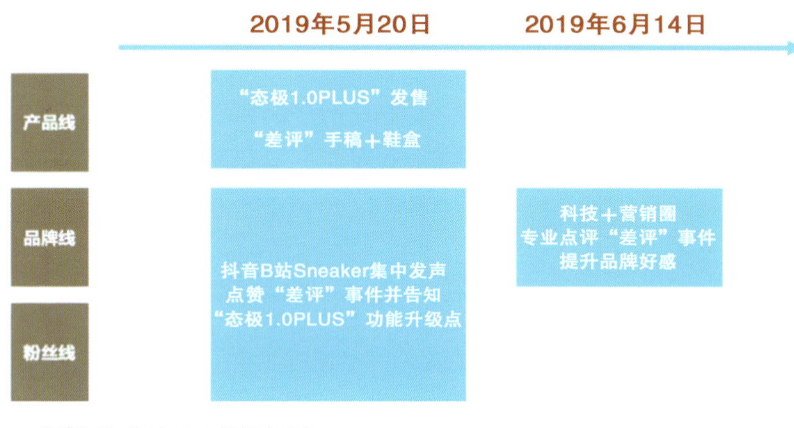

“差评”营销项目传播规划

整体而言，在传播量、带货量、品牌升级方面，无论是硬性的数据还是软性的口碑评价，都远远超出了匹克的预期效果。

1. 整体传播效果

本项目共计有 16 位 KOL 参与传播，其中 6 位 Sneaker 博主发布原创视频，6 位数码圈博主参与微博图文传播，4 位营销“大佬”在微信朋友圈站台背书，获得总计近 2000 万次曝光量，17.7 万人次评论、转发互动量。

2. 带货效果

“态极 1.0PLUS”在 2019 年 5 月 20 日上午 10 点发售后，2 小时内销量即破万双；发售 1 周后，成为天猫运动单品销量冠军；月销 10 万双，不仅远超目标 KPI（关键绩效指标）及排名预期，而且远超同类竞品一般每月 7000 ～ 10 000 双的销售量（来自懒熊体育、天猫旗舰店销售数据）。

此前匹克“态极 1.0”纯白款发售 2 天后销量破万双，已经相当于甚至高于竞品 1 个月的销售量。而“态极 1.0PLUS”在发布后 2 小时内天猫旗舰店销量便破万双，并在 2019 年 5 月 31 日前基本保持接近 1 万双的平均日销量，创匹克“态极”发售后的最高销量纪录。

3. 口碑传播效果

网友评论和买家秀显示，消费者（粉丝）对产品和“差评”包装背后所代表的匹克品牌态度予以高度好评。评价不再仅仅关乎产品功能，更多地上升到了品牌层面的认同感。

点评人：刘博　广告门内容总监

“态极 1.0”的爆红没有让匹克放松，而是让它更加用心、更加专注，更为注重回归原点。匹克知道，很多人都在关注着“态极”。只要人们愿意，它立刻会被放置在显微镜下观看和审视。

“态极”该怎么做？匹克又该怎么做？

“差评”营销案例正是在这样的背景下应运而生的——大胆接受消费者的差评，并敢于直接把用户差评印在改进产品的包装上。

没有创意总监一觉醒来石破天惊的创意，有的是和消费者真诚坦然的沟通，这是何等的胸怀和境界。你可以说这是品牌的营销玩法，但相比“抖机灵”式的套路，这种“以退为进”，与用户为友，以用户体验为一切改进原动力的做法，才是国产品牌腾飞的希望。

当品牌把思考的核心重新转移到产品和消费者身上，而不是建立在假设和灵感之上时，营销才能回到它本该展现的状态。这样的品牌才值得消费者投以更大的期待和憧憬。

国货崛起，绝不是一朝一夕的噱头，而是彻头彻尾的进化和蜕变。

“态极”在路上，匹克在路上。

realme X 大师版整合营销案例

获奖单位：深圳市锐尔觅移动通信有限公司（realme）

消费者越来越倾向于性能更好、价格更优、设计更潮的智能手机产品。对消费者来说，手机购买的权衡过程也是个人性格特征的体现。尤其是在今天这个个性化的年代，手机就像衣服、背包一样，正成为自我表达的方式之一。消费者选择什么品牌，怎样的产品外观和色彩，表达了他们的性格和生活态度。年轻人希望寻求突破和改变，想真正买到自己喜欢的产品。他们不仅需要不俗的配置，也需要鲜明的设计。但在全面屏的大势下，手机正面屏幕留给设计师发挥的空间越来越小，因此背部的色彩也成了手机个性化设计的一项要素。

在此背景下，realme X 大师版应运而生。设计师深泽直人从生活实际出发，结合 realme 本真设计理念，为 realme 打造了以洋葱、白蒜为灵感的手机，让高科技与自然相融合，形成极致反差。

realme 坚持为用户带来具有强劲性能和潮流设计的产品，以及高品质的全方位“越级”体验。作为一款在同价位段中首个应用了中置升降摄像头的手机，

realme X 大师版实现了高达 91.2% 的屏占比。4800 万像素的主摄像头和 500 万像素的辅助摄像头的后置双摄组合，加上 realme 独家影像调试方案，可使 realme X 实现超清夜景成像和真实色彩还原。在核心配置方面，realme X 大师版采用了骁龙 710 处理器，用机体验流畅。realme 希望与更多用户一起，发现更多生活中的美好事物，并对这些美好事物进行表达，与更多人分享。realme X 大师版突破用户常规惯性思考，颠覆人们对互联网手机设计的固有印象，满足年轻消费者对于一款智能手机的“越级”需求，引发了手机行业设计新趋势。

realme 的产品概念为“本真设计 × 无意识设计，诠释‘越级’设计”。

realme 所强调的“本真设计”，便是以人为本，承载年轻人忠于自我的表达，以及对设计感与品质感的至真追求；坚持从用户需求出发，注重产品细节打磨，使产品实用性与艺术性兼备，最为重要的是，“要美得恰到好处”。

“无意识设计”体现为 realme X 大师版的配色呈现出一种新颖独特、柔和温馨的色泽，还原了洋葱、白蒜表皮的纹理和质感，呈现出独特的机身色彩，这符合设计师深泽直人一贯的“无意识”风格，配色柔和，细节精湛。“越级”的设计结合强劲性能，让 realme X 大师版做到了实力与颜值兼备。

realme X 大师版“洋葱”和“白蒜”两款产品分开上市，在前期预热、上市爆发等阶段进行多渠道整合传播，实现了品销合一。

1.“洋葱”整合营销传播

（1）预热新闻发布。

realme 迅速发出官方与外围预热新闻，吸引声量与关注，为产品上市做准备。

（2）追寻年轻人的阅读习惯。

realme 配合热搜话题 # 传说中的洋葱手机 #，以及洋葱食用指南、大师视频、本真设计海报等视觉化内容，在新媒体平台进行发酵，吸引热度与关注。

（3）深泽直人的洋葱脑洞挑战。

B 站 Up 主（视频上传者）录制创意开箱评测视频，巧妙地将洋葱与生活场景、动作相结合，通过趣味剪辑的方式，在一支视频里呈现洋葱的多种命运，吸引消费者关注。

（4）真机图赏拍摄。

在上市期间，realme 与核心门户网站及垂直、时尚类媒体沟通，发布真机上手图赏与开箱信息，向消费者传递产品的“越级”设计理念。

2.“白蒜”整合营销传播

（1）传统媒体上市新闻扩散。

realme 在宣传稿件中阐述“本真设计”理念，并对官网抢先购、“很呛的店”等活动进行造势，第一时间传递产品信息，引发上市热议。

（2）新媒体平台与用户互动。

realme 通过深泽直人粉丝见面会视频、# 传说中的白蒜手机 # 微博话题、白蒜食用指南海报、白蒜解读海报等方式，从官方视角对两款定制产品及设计师深泽直人进行精致且高效的描绘，打造爆点话题。

（3）设计类媒体专业解读。

通过设计类微博大号、行业自媒体等进行专业解读，加深 realme 在设计方面的公信力，并通过解读品牌、设计理念，以及 realme X 大师版的设计初衷和过程，为产品的特性进行深度背书。

（4）线下活动。

通过改造菜市场，打造“很呛的店”。改造产生的反差萌向年轻人展示了那些存在于生活细微之处的美感，引发热点营销事件，扩大了品牌声量，走出了科技圈。

realme 邀请大学生进行项目改造，以求更加贴合品牌及产品调性，并借此传播品牌年轻化概念。店铺设计融合了现代简约和日式清新自然两种风格，整体色调运用了 realme 的品牌色“realme 黄”，体现年轻、活力、潮流的特性，凸显现代潮酷与日式清新的碰撞。

“很呛的店”作为本次项目的亮点，在传播方面也表现不俗，形成了全方位、多层次的传播体系。

- 打造品牌故事：传播内容上重点强调菜市场的“土”和“潮”这一反差，塑造品牌潮酷调性与年轻化的品牌形象。
- 吸引潮人打卡：通过网红社区“种草”、KOL 推荐等途径，将 realme“很呛的店”打造为网红“打卡”之地，吸引更多年轻用户关注。
- 设计类 KOL 解读：通过设计类 KOL 对产品的解读，在引出活动事件的同时，强调产品设计理念，为“白蒜”首销造势。
- 活动类媒体引流：与活动类媒体进行独家合作，将年轻受众导流至“很呛的店”。
- 社会类新闻合作：通过与社会类媒体沟通和合作，传递 realme 改造菜市场背后的初衷与理念，构建与目标消费群体的互动关系。

（5）时尚类媒体进行好物推荐。

时尚类媒体从设计上传递 realme X 大师版的时尚属性，通过好物推荐、出行必备等选题，在时尚圈形成话题。

1. 媒体传播效果

realme X 大师版吸引了众多媒体与消费者的关注，自 2019 年 5 月 15 日发布会公布后，媒体报道超过 2000 条。

2. 社交传播效果

传说中的洋葱手机 # 话题阅读量达 7738.6 万次，# 传说中的白蒜手机 # 话题阅读量达 1.2 亿次。

3. 口碑效果

realme X 大师版收获众多好评，其中京东官方旗舰店好评率达 95%，天猫官方旗舰店评分为 4.7（5 分为满分），用户对其外观、性能及摄影功能等方面给予了高度评价。在设计上，用户对 realme X 大师版的年轻设计理念予以肯定，比如“生活食材与高科技完美融合形成超反差”“生活与美学碰撞的本真设计”“没有水滴或者刘海，浑然一体的视觉”等。在性能与摄影功能上，用户对 realme X 大师版也给予高度评价，比如“拍照清晰，电池强劲”“轻松拍出大片的感觉”“摄像清晰真实，人像虚化功能强劲”等。

点评人：黄合水　厦门大学新闻传播学院常务副院长

随便提及一个手机品牌，你会想到什么？针对不同的品牌，也许你会想到不一样的内容，如“大品牌”“广告很多”“拍照清晰”“系统封闭”等。这些联想也许就是构成人们有意无意选择各种手机品牌的全部理由或重要理由。

当我了解到 realme 手机品牌的案例之后，对其深刻的印象是“洋葱”“大蒜”手机。我在想，如果我有机会做一个同样的测试，那么大部分接触过 realme 手机的顾客或受众应该都会说出“洋葱”或“大蒜”。这就是 realme 的独特联想，也是 realme 手机的独特设计。如果你是一个有点叛逆的人，如果你是一个追求个性的人，如果你是一个有好奇心的人，也许你会选择一台 realme 手机。

在技术可复制性很强的今天，要在产品性能上超越或有别于竞争者十分困难；甚至要在产品的外观上与众不同，也不容易。realme 就是在这种困难和不容易的背景下设计、制造出了一款令人耳目一新的独特手机，值得点赞。

特步 ×《这！就是街舞 2》：论无痕的植入式营销如何养成

获奖单位：优酷

项目简介

青年文化正在越来越多地进入主流大众的视野。《这！就是街舞 2》节目不仅延续了第一季的热度，而且豆瓣评分从 8.7 上涨到了 9.2。而作为节目官方服装赞助品牌，特步展开了“特不服 2.0”品牌形象升级的全站式整合营销项目，顺势塑造了年轻、有态度的品牌形象，持续提升了其在年轻消费者中的街头潮流属性和美誉度。

在合作中，特步首先从“特不服”“开火精神”的品牌内涵出发，找到了与街舞中“battle 文化”的契合点，将“特不服”的精神融入节目赛制，并且通过定制战队服，找到节目中具有号召力的舞者意见领袖进行合作，将特步产品塑造为“舞者都在穿的街头潮货”。

在营销总体策略层面，特步从产品出发，定制符合节目调性的联名系列产品，并且围绕“导师 + 优质选手签约”模式，通过节目内植入进行首发曝光，节目外配合广告投放，涵盖“双微一抖”（微博、微信、抖音）、小红书等社交媒体，多平台开展产品“种草”，撩动粉丝经济，最终闭环至天猫电商及线下终端推广渠道，实现了品效协同的整合营销。

1. 明星队长服装植入

服装也是一种态度表达：节目中超 15 位选手与导师身着特步鞋服出镜，无痕植入“种草”。

2. 口播空镜植入

《这！就是街舞 2》人气选手身穿特步街头系列产品拍摄的口播空镜，以“特不服，等你叫板”传达出街舞精神中的“real”。

3. 核心环节植入

节目核心环节紧扣传播主题，深度植入选手的“世纪大战”，将特步“特不服”的品牌内涵植入这一环节，强势关联品牌精神和内容。

4. 品牌创意中插

特步选择人气火爆选手定制品牌创意中插，让他们为特步品牌联合演绎创意中插，以青春时尚、活力潮流、色彩明艳为特点导流品牌电商。

5. 定制战队专属服装

四大战队集结，引领酷炫时刻。在节目中，4 支街舞战队身着特步战服集体出镜，引发强烈视觉观感，深度植入了品牌形象。

6. 社交营销：开启“特不服”舞步挑战赛

特步面向全民展开社交营销，开启了“特不服”舞步挑战赛。特步以微博、抖音为传播平台，积极吸引普通人参与街舞挑战，在此过程中无形植入品牌形象和品牌理念，并与《这！就是街舞 2》节目深度联合，融入街舞精神和青春热血。

凭借环环相扣的营销链路，特步与《这！就是街舞 2》节目的合作产生了 1+1>2 的效果。

1. 社交传播效果

“特不服”舞步挑战赛视频在抖音平台的播放量达到 6004.2 万次，# 特不服 # 微博话题阅读量达 2.6 亿次，讨论量达 215.8 万条。

2. 舆情效果

由于特步年轻、有态度、潮流感的品牌特质与《这！就是街舞 2》节目匹配度高，根据微博舆情监测结果，节目播出以来，“特步”品牌关键词与《这！就是街舞 2》在搜索热度中实现了强绑定。

3. 销售效果

在特步联合知名主播发起的直播中，直播观看人数达到 300 多万，主播身穿的节目明星导师同款 T 恤 1 秒售罄。

因观看节目而“种草”了同款产品的粉丝也被导入特步官方旗舰店。除了街舞同款，特步其他运动服装、鞋类、IP 周边产品的销售量也实现了共同增长。

点评人：李晓丹 《经济观察报》宏观经济研究院秘书长、现代广告杂志社副主编

一个没有街头文化基因的运动服装品牌怎么做街头文化？特步的植入式营销成功地将运动品牌与街头文化进行跨界融合。依靠明星队长进行核心产品的舞台曝光，让观众深度记住特步是街头文化符号之一。4 支街舞战队的专属战队服定制，成为节目中不可磨灭的符号之一，也进一步提升了特步与街头文化的关联性。

通过节目内“种草”+节目外营销+终端渠道覆盖+电商创意推广，特步进行了一次非常成功的全链模式营销尝试。节目播出后不久，“秒针运动”“时间定格”等动作名词一度成为很多年轻人的口头禅，4 位队长在节目中穿过的服装、用过的毛巾等更是成为年轻人争相抢购的热门产品。

2008 年北京奥运会之后，有很多运动品牌销声匿迹，如何赋予品牌新的元素成为国货运动品牌的集体考题。将街舞元素通过街舞比赛节目植入品牌，将目标锁定在年轻消费者身上，将渠道与营销深度融合，这些做法都值得借鉴。

“小度”植入《向往的生活》第三季

获奖单位：百度

《向往的生活》第三季是湖南卫视推出的户外生活真人秀节目，于 2019 年 4 月 26 日起每周五晚 22:00 播出，芒果 TV、爱奇艺联合播放。作为中国首开慢综艺先河的节目，《向往的生活》第一、二季的收视率排名前列，因此第三季也成为知名品牌逐鹿营销的舞台。智能家居品牌“小度”成为《向往的生活》第三季的合作伙伴，用“小度小度”来唤醒《向往的生活》，通过捆绑节目 ID（身份识别号码）及明星粉丝、微博资源投放合作、高频“蓝 V”联动及抽奖互动等方式，完成堪称“完美”的植入式营销。

通过较大的市场活动形成声量，以植入为主线带动其他传播和营销行为，让“小度”快速提升知名度，占据人工智能硬件市场，为后续系列智能硬件的上市打下基础。

母婴、老人及年轻人群离不开生活场景，因此将“小度”进行场景还原是这个项

目的初衷。在《向往的生活》第三季中，节目固定成员在湘西一个村子里共同生活，一日三餐都需要自给自足，商品交易采取以货易货的形式。每期节目都会有“客人”光顾，节目固定人员要想办法招待他们，并满足他们在吃、喝等方面的要求。《向往的生活》囊括各类生活场景，节目受众多样化。作为智能家居产品，“小度”能够在该综艺节目中最大限度地接触各类生活场景并进行场景还原，进而触达目标市场用户。

消费者行为分析

如果想让人们不只喜欢你的产品，还爱上它，就必须让他们在潜意识中认为该产品不只是物品，更是一个“人”。观众往往为了“人”而看真人秀节目。想要“小度”在一群自带光环的明星中被观众记住，更需要将其“拟人化”，打造成人物形象。因此，此次综艺营销采取了“拟人化的策略”——为“小度”赋予鲜明讨喜的人格，让消费者爱上“他”。

1. “小度”社交媒体运营策略

（1）捆绑节目 ID 及明星粉丝：绑定每期流量明星，针对粉丝进行传播，同时联动《向往的生活》及相关动物类账号，最大限度地覆盖节目受众人群。

（2）微博资源投放合作：共合作 4 类微博媒介资源，分别为特约话题、热搜榜单、搜索推广、超级粉丝通，绑定节目热度，并兼顾品牌曝光及导流带货。

（3）高频“蓝 V”联动及抽奖互动：每周与“蓝 V”至少联动两次，每期节目进行若干次抽奖互动，最大限度地调动粉丝活性。

（4）全网评论 + 弹幕攻占：在节目相关的微博及视频弹幕中攻占“小度”相关内容，将“小度”与节目强绑定，提升“小度”微博声量及品牌提及率。

（5）将《向往的生活》第三季植入热门话题，在重大节点（如“6 · 18”大促）

对“小度”进行整合营销。

2.“小度”综艺节目营销策略

（1）智能互动：有血有肉的双向互动模式。

在综艺节目中植入广告不是一件容易的事情，留给品牌发挥的空间不大，生硬的植入难免会使观众产生被打扰之感。相比其他品牌单向、生硬地植入品牌信息，“小度”凭借其智能的产品特征，在常规对话、查询天气、播放音乐等生活场景中做到了与节目的无缝衔接，开辟出一种“有血有肉”的双向互动新模式。

（2）内容有趣：让明星真心“种草小度”。

纯净物的产品广告植入在很大程度上依赖主持人和嘉宾的口播，但“小度”的“拟人化”特点总是能引起节目嘉宾的真实反应。其生动、有趣的互动内容多次带动节目走向高潮，打破了以往明星被动式、程序化的产品推广形式。

前期，“小度”市场和媒介团队无缝衔接，确定了“拟人化”的方向，将助手概念传递给节目导演组，同时在节目策划中由技术团队进行演示，确保导演组对产品足够理解，为后续整体的创意方向打下了基础。

中期，“小度”社交团队、公关团队结合节目播出的热点进行传播，根据当期的嘉宾制造话题、“蹭热度”，同时发起抽奖活动，与节目粉丝积极互动。这些活动迅速提升了“小度”作为《向往的生活》第三季合作伙伴的关注度。与此同时，商城团队通过上线专题页、更新花絮视频、制作定制款产品，激发用户的购买欲望。端内运营团队则配合一系列线上专题活动，维护现有用户。

《向往的生活》第三季总曝光量约 22.5 亿次，总互动量达 217 万人次，相关

视频总播放量约2300万次，整体覆盖约2.5亿人，为“小度小度”微博账号带来了8.58万粉丝增加量；与节目内容相关的“蓝V”联动9次，累计联合“蓝V”239人次（包括百度系50人次）；相关话题登上微博热搜榜4次，其中#向往的生活3#话题（此为“小度”特约话题，话题页为品牌包装展示）总阅读量达16.1亿次，话题讨论量为145.7万条。通过此次营销项目，“小度”超额完成了销售目标，达到了品销合一的效果。

根据国际知名市场调研机构Strategy Analytics发布的《2019年第一季度智能音箱市场份额报告》与Canalys发布的《2019年第一季度全球智能音箱出货量报告》，“小度”的全球市场占有率排在第3位，成为中国智能音箱市场出货量第一大品牌。

点评人：熊发玉 新希望乳业品牌顾问

“小度”营销项目是百度在AI（人工智能）领域做出的一次较好的示范，其定位家庭的市场战略具有很高的商业价值。作为一家互联网公司，百度聚焦用户体验和产品体验的思路是最优选择。在前期市场验证阶段，百度通过高度匹配目标人群和场景，在流量综艺中筛选出《向往的生活》第三季，也从侧面反映出其大数据分析做得非常好，优质的流量能让营销发挥出更大的价值。

同时，“小度”营销项目也良好地诠释了如何在慢综艺中达到更好的营销效果。现在的营销趋势更多地是突进式的快速获取，“小度”却在《向往的生活》第三季中使用“长尾营销战术”，使自身品牌热度得到了提升。在这个内容为王的时代，把好的产品拆分成一个又一个场景，产生可持续、可裂变的内容非常重要。“小度”与《向往的生活》第三季联名，也为“IP如何绑定IP”提供了一个新的思路：先要做到社交“阵地”的交互与交换，才能实现绑定。

“小度”作为AI产品，战略出发的原点是“科技向善”，应用级业务的核心是用户。虽然目前“小度”在产品的场景聚焦方面存在一定的实验性，但是对于百度这个庞大的体系来说是必要的。系统与硬件已经趋于完善的“小度”，未来如何利用大数据并透析其中的商业价值？我们拭目以待。

新疆维吾尔自治区扶贫与净水计划项目

获奖单位：可口可乐饮料（上海）有限公司

项目简介

“新疆维吾尔自治区扶贫与净水计划项目”（以下简称“新疆扶贫与净水计划项目”）是由可口可乐（中国）、商务部中国国际经济技术交流中心、新疆扶贫办、联合国开发计划署、壹基金等多家单位共同开展的公益扶贫项目。作为“净水计划”首次确定的省（自治区）级示范点，“新疆扶贫与净水计划项目”通过政府与社会力量的合作关系，探索建立在政府引导下社会力量参与扶贫的长效机制；通过建立多方合作的社会扶贫平台，筹集更多社会资源，推动“扶贫与净水计划”项目。“新疆扶贫与净水计划项目”探索出了一条符合新疆当地需求的可持续的净水、扶贫之路。

项目背景与项目地点选择

1. 项目背景

2012 年，由国家发展和改革委员会、水利部等多部委联合发布的《全国农村饮水安全工程“十二五”规划》中指出，中国农村饮用不安全水的人数为 2.981 亿，有 11.4 万所农村学校需要解决饮水安全问题。由于条件限制，许多儿童不得不直接饮用井水、窖存雨水或地表河流的水。这些水中的物理性污染物和致病微生物不仅严重影响水的口感，而且是儿童患病的根源，可能导致肠道传染病，甚至会导致死亡。而含有氟、砷等有毒物质的水也在持续影响乡村儿童牙齿和骨骼的发育。

2. 项目地点选择

2016 年，新疆农村饮用水水质监测结果显示，当地水质达标率在全国位居中下游水平，且水处理工艺仍停留在简单的沉淀、过滤阶段，农村饮用水大多未经过处理就直接被饮用，直接或间接造成的疾病包括痢疾、结石病、肺结核等，在农村呈现多发、高发之势。和水质相关的水致地方病和介水传染病频发、高发，严重威胁着农民的身体健康。南疆 22 个深度贫困县农村的 3475 所学校的 159.59 万名学生都面临饮水安全问题。与此同时，南疆农村儿童缺乏良好的卫生习惯，更加剧了水质问题对他们健康的危害。新疆存在的儿童饮水安全问题亟待解决，同时改善农村饮用水条件也是目前新疆脱贫攻坚、健康扶贫工作的重要内容，政府参与力度较大。

根据《中国农村扶贫开发纲要（2011—2020 年）》中明确提出的社会扶贫、专项扶贫和行业扶贫“三位一体”的扶贫战略体系，为使“净水计划”的各参与方均有意愿将资源投入到这样的多方合作“社会扶贫”试点中来，彼此分工合作的空间大、效率高，可口可乐（中国）选择在新疆建设 2017 年“净水计划”首个省（自治区）级示范点。

1. “黄金三角”合作模式，助力可持续发展

“新疆扶贫与净水计划项目”采取了“黄金三角”的合作模式，这是可口可乐（中国）在可持续发展实践中探索出的一项跨界合作模式。可口可乐（中国）的合作伙伴包括新疆扶贫办及当地市、县、乡级地方政府等部门，也包括联合国开发计划署、商务部中国国际经济技术交流中心、壹基金等各类专业机构。企业、政府部门和社会组织作为“黄金三角”的组成部分，在项目伊始即展开密切合作，有效发挥各自

的资源优势，共同在新疆打造“扶贫与净水计划”示范点，切实帮助当地解决贫困乡村学校饮用水安全问题。

2. 配备硬件设施，开展水与卫生健康教育

“新疆扶贫与净水计划项目”的实践内容主要包含两部分。

（1）配备清洁饮水设施。该项目依托可口可乐（中国）“净水计划”的成熟经验，通过供应商定制采购配备了先进纳滤净水技术的净水设备，免费为乡村安装、调试并维护，同时给师生发放水杯，帮助他们喝到安全、洁净的饮用水。

（2）开展水与卫生健康教育。该项目组织可口可乐（中国）员工等担当志愿者，为当地学校的孩子们讲授安全饮水知识和卫生常识，用生动、有趣的互动和分享式教学，引导孩子们养成良好的卫生习惯，帮助他们健康地成长。

3. 创新推广，打造人人参与的公益品牌

“净水计划”致力于与日常生活方式相结合，成为人人可参与的公益项目。可口可乐（中国）聚集社会公众、合作伙伴和员工等多方力量参与其中。自 2013 年起，可口可乐（中国）和壹基金联合发起了“为爱同行”健行活动。截至 2018 年年底，超过 7 万名健行者和志愿者参与其中，汇聚 20 万人次爱心助力，为“净水计划”等公益项目筹款超过 5800 万元。

不仅如此，为了接力净水的“最后一公里”，可口可乐（中国）、壹基金和北京人文艺术中心于 2016 年联合发起了“有水瓶”国际设计大赛，用更有创意的方式把水瓶带入日常生活，以此改善乡村孩子长久以来的饮水和卫生习惯。

1. 儿童在校安全饮水条件明显改善

数据显示，净水机对新疆水质净化效果明显，各项指标均为合格，显著改善了学生饮用水水质，达到了安全饮用的标准，有效预防了儿童因水致病问题，保护了孩子们的健康。据当地学生反映，安装净水机后的水更干净、可口，而且温度适中，大多数学生已不再直接喝自来水。问卷调查数据显示，98.9% 的被调查学生知道学

校安装了净水机，82.5% 的学生知道如何使用净水机，74.4% 的学生会首选饮用净水机里的水。

2. 儿童健康意识基本树立

通过“净水计划水与卫生健康”进校园活动，可口可乐（中国）对项目学校的学生进行水健康知识和卫生教育的广泛宣传普及。“新疆扶贫与净水计划项目”实施以来，97% 的学生接受过“怎样正确洗手”的培训，饮水健康和卫生常识宣传教育效果明显，学生健康意识明显提升。经过宣传教育，93.6% 的学生现在在家里也会选择喝烧开的水，而不是生水；95.1% 的学生饭前、便后会洗手。不仅儿童自身的健康意识有所提升，而且他们还向家人宣传学到的卫生健康知识，从而扩大了健康教育的影响面，带动更多农村地区人群逐步养成健康的卫生习惯。

3. 以提升贫困儿童饮水安全助力扶贫事业

“新疆扶贫与净水计划项目”通过聚焦南疆贫困地区饮水安全问题突出的学校、幼儿园，从软件和硬件两方面改善贫困儿童的饮水安全条件并改变儿童的饮水及卫生习惯。同时，通过“小手拉大手”活动，以孩子带动家庭接受健康的饮水和生活习惯，构筑起因饮水不安全致病致贫的“隔离墙”。

4. 设备管理状况良好

项目学校均在售后人员的帮助下，按照相关要求做好了净水机的安装、使用工作，能够做到专人管理、专人负责、及时检查维护，大部分设备运行良好。2017—2020 年，可口可乐（中国）为净水器免费维修和更换滤芯等耗材。滤芯作为耗材已由安装人员交给学校，能够满足项目学校 3 年的使用量。

项目的社会影响力

1. 有效改善乡村儿童的饮水状况

“新疆扶贫与净水计划项目”实施以来，有效改善了乡村儿童的饮水状况，并帮助他们提高了饮水安全知识。截至 2019 年 4 月，该项目共为当地 87 所村小学和幼儿园安装净水设备 90 台，受益师生达 34 507 人，其中建档立卡贫困家庭学生为 10 993 人。同时，“净水计划”吸引了 60 多家公益组织、超过 500 位志愿者和 9300 多万捐赠人次共同参与，为确保乡村儿童饮用水安全贡献出了自己的力量。

2. 多家重点媒体宣传报道

“净水计划”的顺利开展使可口可乐（中国）赢得了社会各界的好评。国内多家重点媒体，如新华网、人民网、中青网、央广网、凤凰网、腾讯、新浪、搜狐、网易、一点资讯等，均对“净水计划”进行了宣传报道，一些国际新闻社进行了转载。据不完全统计，截至 2017 年 11 月，各类媒体报道达 194 篇、“可口可乐 + 净水计划 + 新疆”的百度搜索页面达 2 万个，产生了深远的社会影响。

点评人：姚东　新意互动联席总裁

可口可乐（中国）为本次“杰出营销奖”提供的案例——“新疆扶贫与净水计划项目”，作为一个公益营销案例，在评奖过程中大放异彩。

众所周知，每家企业的公益活动项目都是为了服务于企业品牌，以及其旗下的产品品牌的推广与打造，通过与用户基于非商业用途的互动和沟通建立品牌美誉度，并据此测算相关的投入产出比和成效周期。但是，可口可乐（中国）“新疆扶贫与净水计划项目”所展示的一家跨国企业所拥有的强大社会责任感，以及整合资源并持续发展公益项目的管理能力，让人叹服。

首先，饮水问题是一个民生问题，尤其是在中国这样一个高速前进、前端科技创新应用已经在某种程度上领先全球的国家，儿童的饮水质量不能得到保证是个巨大的落差和矛盾。作为一家跨国企业，尤其是以“饮料”为核心产品的外资企业，可口可乐（中国）选择这样一个努力的方向本身就充满挑战，在企划和执行管理过程中稍有不慎，就会背上骂名。

其次，公益项目并不是靠大手大脚地投入赚名声，而是让花出去的每一分钱都获得相应的成效。如何像管理一家高效企业一样管理公益，让专业的人做专业的事，才是公益项目最大的课题。可口可乐（中国）为了做好这个计划，通过十几年的努力，把自己变成了中国水资源方面的“专家”，非常了解当地的“水质构成”和“水质优化”的合理过程。这些重要的知识积累和分享过程，远远超过捐献几台“净水机”的价值。

最后，可口可乐（中国）虽然不断吸引有同样社会责任感和价值观的企业和公益伙伴参与并完善“净水计划”项目，淡化自身在其中的品牌露出，但是其在“净水计划”中仍然体现了一个深刻的品牌洞察——“追求更好的水，就是追求更好的人生”。可口可乐（中国）就是这样一个“欢乐美好人生”的创造者。这种完美的洞察和实践相结合，使得可口可乐的品牌和企业生命力生生不息、持久向前。

希望中国每一家企业的领导者和公益项目的负责人都能认真学习这个案例，为中国社会公众提供更多、更好的公益服务，创造属于我们自己的可持续发展的公益品牌。

亚朵村的茶：3·21 亚朵生活节

获奖单位：上海亚朵商业管理（集团）股份有限公司

项目背景

1. 品牌创立

亚朵是一个中缅边境的小山村，位于云南省西北部怒江傈僳族自治州福贡县石月亮乡，背靠高黎贡山，面对碧罗雪山，长年云雾缭绕，宛如仙境。在傈僳语中，“亚朵”的意思是“月亮升起的地方”。

亚朵品牌的创办者在一次旅行中，意外地走进了亚朵村，被当地的清新、自然和淳朴所触动。那里虽不富足，但人与人之间诚实、信任、心存善意，人们常怀幸福之感，故以此为名创立了“亚朵”。

2. 项目缘起

亚朵村自然条件优越，平均海拔为 1250 米，相对湿度达 80%，远离污染，是一个高山云雾出好茶的地方。亚朵村的茶被当地人称为“高山上的甘露”，由傈僳族人零散种植于山林中，整个种植过程没有任何人工干预。

2017 年，亚朵创办者带领团队第二次来到尚未脱贫的亚朵村，想建立一个长效机制，帮助当地乡亲脱贫。亚朵团队发现，当地千亩茶园因缺乏技术和设备、交通不畅等问题，未能给当地群众带来相应的经济效益。

在此背景下，亚朵集团积极响应“乡村振兴”战略，以及国家“万企帮万村”精准扶贫行动的号召，决定在亚朵村开启“亚朵村的茶”定点扶贫项目。

3. 挑战和对策

（1）项目挑战。

首先，亚朵村制茶工艺和设备原始、落后，生产标准不统一，产品品质不稳定；其次，茶叶产量分散，没有收购及加工方，无法形成产业链；再次，亚朵村没有合规性的生产许可证；最后，当地的配合度起初并不高，从村干部到村民的反对声音很多。

（2）项目对策。

第一，亚朵集团邀请制茶专家亲临亚朵村进行指导，并捐赠先进的制茶设备，帮助该村实现了现代化生产，保证了产量和品质的标准化。

第二，亚朵集团建立起茶叶生产采购基地，与亚朵村联合成立茶叶合作社，将种植地化零为整，新种约 87 万平方米（约 1300 亩）茶园，实现了产能的大幅提升；同时还与茶农签订了收购协议，实现了产量包销。

第三，亚朵集团联合亚朵村村委，经过各方努力拿到了生产许可证，解决了制茶生产最后的合规环节。

第四，“亚朵村的茶”项目负责人与村民同吃同住，主动给当地村民做饭，还向他们学习简单的傈僳族语言，拉近和茶农的距离。

项目执行与阶段成果

1. “公司 + 合作社 + 农户”模式

2018 年 4 月—2019 年 4 月，通过“公司 + 合作社 + 农户”的模式，亚朵集团与合作社及茶农签订了长期合作协议，既保障了合作社利益，又免去了茶农的后顾之忧。亚朵集团帮助贫困群众精心培育茶叶特色产业，推进茶叶生产企业化、绿色化、规模化、品牌化，推动农产品供给新型化、多样化、特色化，提升农产品附加值，增强产业带动群众脱贫的能力，切实帮助当地村民提高收入，实现脱贫摘帽。

在此期间，亚朵集团向亚朵村采购成品茶的总金额超过 400 万元，参与茶叶合作社的亚朵村村民共计 153 户。

2. 建立茶厂

2019 年 6 月 28 日，亚朵集团在亚朵村建立了亚朵村茶厂，亚朵村的茶迎来了全线升级。随着亚朵村茶厂的建立，“亚朵村的茶”将过去的粗放型作坊模式升级为标准厂房生产，进一步提升了亚朵村茶叶生产的现代化生产工艺，巩固了标准化的生产体系。

3. 未来展望

未来 3 年内，亚朵村将新增茶园面积约 180 万平方米（约 2700 亩），覆盖合作农户扩大至 300 户，并将丰富茶叶品类，提升茶叶品质，推进茶叶衍生品的开发和生产，实现可持续发展。

1. 创作单曲《亚朵》

亚朵集团邀请知名诗人、音乐人、作家洛兵作为亚朵村驻地音乐人。在 2018 年亚朵 6 周年活动期间，洛兵前往亚朵村采风，创作了单曲《亚朵》，歌词“让城市里的人一起寻找自由的存在”激起听众无限共鸣。

在 2019 年“3 · 21 亚朵生活节”上，洛兵亲临发布会现场，为粉丝献唱了《亚朵》。

2. 推出“感恩奉茶日”

“奉茶”是亚朵酒店奉行的一项人文服务，由酒店伙伴给每一位来到亚朵的客人奉上一杯温度适口的亚朵村的茶，以此将“清新、温暖”的品牌内涵和由内而发的感恩情意传递给客人。

2019 年，亚朵在全国门店和公司总部发起“6 · 28 亚朵感恩奉茶”活动，以此感恩客人的长期支持，以及总部和门店伙伴的付出。以后每年 6 月 28 日都是亚朵的“感恩奉茶日”。

3. 拍摄制作《回家的路》纪录片

《回家的路》以村民依伞为原型，讲述了在上海做了 3 年多外卖员的他，得知村里茶厂建成的消息，第一时间选择了返乡就业，成为亚朵村茶厂众多员工中的一员的故事。

纪录片微视频发布后，得到了网易考拉、网易严选、猫眼演出、大龙燚火锅、咪咕视频、全棉时代、姬十三等众多品牌“蓝 V”和 KOL（关键意见领袖）的支持和转发。

4. 发布话题 # 亚朵村的茶 #

亚朵以“亚朵村的茶”为主题制作多种形式的内容，包括图文、视频等，借助微博、微信等多种渠道进行运营和传播，微博话题参与量达 3457 万人次，微信推文阅读量突破 10 万次，秒拍播放量达到 190 万次。# 亚朵村的茶 # 话题得到了中国扶贫官方微博和众多品牌的支持与助力。

5. 权威媒体报道

人民网、《21 世纪经济报道》、《每日经济新闻》、界面新闻、新华社、《人民日报》等多家国内权威媒体对“亚朵村的茶”项目进行了报道，使亚朵品牌美誉度和社会认可度得到了提升。

1. 减少贫困人口，实现高质量脱贫

2018 年，在亚朵村 401 户村民中，有 280 户为贫困户；2019 年 7 月，贫困户减少到 61 户；2019 年年底前，贫困户减少为零。

2. 带动经济效益，支持公益事业

2018 年茶季，亚朵集团向亚朵村采购茶叶金额超过 400 万元。2019 年新茶季，茶叶采购金额超过 1000 万元，亚朵集团旗下所有酒店客房将统一使用亚朵村的茶。

同时，亚朵集团于 2019 年正式启动了“亚朵幸福银行”计划，每售出一盒新茶礼盒，亚朵集团将向亚朵村当地捐赠 2 元。所有捐款用于当地贫困村民购买医疗保险，扶持茶产业的升级和发展。

3. 调动村民积极性，合作社发展迅速

村民对合作社的态度由缺乏信任转变为踊跃参与。为了促进村民就业，亚朵集团特别邀请了制茶顾问前往亚朵村驻地指导村民，为他们提供专业、规范的采茶、制茶技术培训。

2017 年，亚朵村 34 户村民共同发起合作社；2018 年年底，合作社成员增加至 153 户；截至 2019 年 6 月，已有 218 户村民加入合作社。

4. 吸引亚朵村年轻人纷纷返乡就业

“亚朵村的茶”项目在带动当地村民就业的同时，也引发了大批外出务工村民返乡就业。

点评人：万木春　暨南大学新闻与传播学院营销传播教研室主任

对于人类而言，“溯源”似乎是一种原始的冲动，我们用思索甚至行动去寻觅血脉的发端，以此为自身的存在和立身的准则提供类似潜意识的依据。对于企业来说，“亚朵”这个名称的背后不仅有着少数民族傈僳族语言“月亮升起的地方”引起的美好遐想，而且为“我在哪儿”“我要去何方”“如何去”给予了指引，成为能够裂变出企业愿景、使命、价值观和文化的“单细胞”。

在公益活动中，单纯的捐赠不仅已经无法激发捐赠者的参与热情，而且长效机制的缺失会导致受赠者的反感和企业形象的损害，可谓得不偿失。“亚朵村的茶”响应国家“万企帮万村”精准扶贫行动的号召，秉持“授人以鱼，不如授人以渔”的思路，以系统性、可落地、能持续的项目策划和积极主动、保障有力的具体执行，为参与各方提供了可切实感知的利益。

“提供住宿”是一种服务，构建整套解决方案才是企业的目的。倡导一种生活方式并将其不断分解、不断实践、不断重新组合，才是智能营销时代的发展路径。如何体现“创造增量价值”？如何证明“用户第一”？如何阐述“有灵魂、有血性、有品德、有本事”的企业精神？“亚朵村的茶”在存根之旅中以公益活动的方式对此给出了自己的思考和答案。

知乎 × 金领冠“知识众创母爱 $3m^2$”

获奖单位：伊利金领冠、知乎

母乳喂养是妈妈最关切的育儿话题之一。除了“如何喂”，“在哪喂”也一直是困扰当代妈妈的一大难题。2019 年 6 月，伊利金领冠联手知乎开展“知识众创母爱 $3m^2$”项目，打造了功能性母婴室。一个是 17 年专注中国宝宝营养研究的母婴品牌，一个是专业知识社区平台，二者以大数据为支撑，强强联手打造的母婴室提供了哺乳、育娃阶段高频问题的解决方案，给哺乳妈妈们带来了全新体验。

公共场所哺乳本不该成为问题。但由于公共设施的缺失、社会认知的局限，公共场合哺乳在一定程度上遭受了有色眼光、指责非议。作为专注中国宝宝营养研究的母婴品牌，金领冠希望基于“5 · 20 母乳喂养宣传日”传播“守护母乳力量”的品牌理念，聚焦人群关怀，为哺乳妈妈带来更好的喂养体验。

- 给予更多关怀：为哺乳妈妈们提供情感上或实际的解决方案，帮助她们在公

共场合哺乳时获得更好的体验。

◐ 提高大众关注度：不仅仅对话妈妈人群，更影响了广泛群体，提高大众对于公共场合哺乳的认知和理解，消除社会偏见。

传播思考与核心创意

比起情感共鸣，哺乳妈妈们更需要解决方案；除了呼吁和科普，还需要有更好的公益行动方案。金领冠发现另一种存在于知乎的全新可能：知乎具有众多领域各具才能的专业用户，如果将广大的知乎用户发动起来，共同助力公共场合哺乳难题的解决，将更具有实际意义。

因此，伊利金领冠联手知乎开展了“知识众创母爱 3m^2”项目，让“哺乳妈妈”这一群体面临的难题打破圈层壁垒，以社会性痛点带出全民关注，吸引各领域“知友”跨界助力，汇集“知友”们的善良微光，让营销变成点亮生活的解决方案。

传播策略

“知识众创母爱 3m^2”项目的传播策略分为 3 个阶段，分别为：“超级用户跨界助力、全体‘知友’积极献计”全民讨论期，“‘知友’参与品牌圆桌、共同探讨喂养难题”品牌发声期，“定制优质问答 H5、线下改造 3m^2 母婴室”方案落地期。

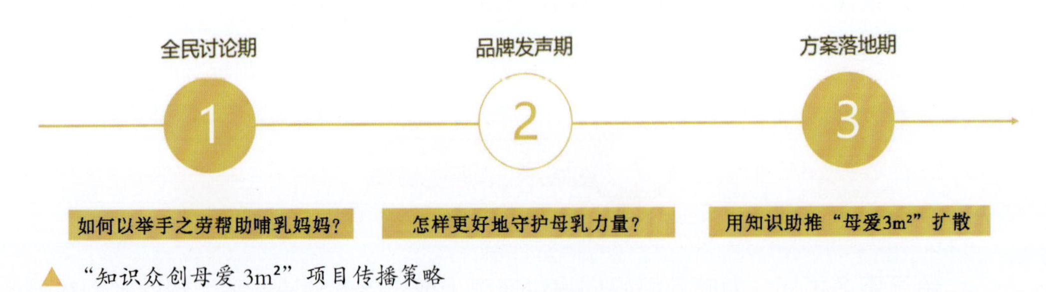

▲ “知识众创母爱 3m^2”项目传播策略

1. 全民讨论期

（1）品牌实效发问：引导大众切身关注“公共场合哺乳”议题。

（2）领域 KOL 跨界 | 室内设计师：可复制的母婴室标准化配置方案。

（3）领域 KOL 跨界 | 电子工程师：推动城市“母婴室地图”建设。

（4）领域 KOL 跨界 | 儿童教育专家：理解哺乳妈妈，从建立认知开始。

（5）领域 KOL 跨界 | 互联网创业者：提供更好的福利保障制度。

（6）多元用户参与：非妈妈群体主动分享，汇聚多样守护力量。

2. 品牌发声期

（1）KOL 站台背书：儿童教育专家参与品牌发布会圆桌，共同探讨哺乳难题。

（2）强化价值倡导：品牌自主发声，深度分享“守护母乳力量”计划。

3. 方案落地期

（1）解决方案落地：让高价值的答案变成现实，用知识守护“母爱 $3m^2$”。

母婴室实现了设计师所提到的“对空间要求低、有限空间最大化利用、易于装配、可复制”等特点，降低了母婴室建造门槛，利于推广。争取为哺乳妈妈创造更多舒适的公共哺乳环境是此番尝试性改造的最终目的。

（2）品牌价值巩固：将母婴室的信息回到线上分享，实现传播闭环。

（3）扩大人群传播：精选知乎育儿问答，嵌入一镜到底式养育场景。

（4）提升品牌美誉度：让高价值的答案变成现实，用知识守护“母爱 $3m^2$”。

在全民讨论期，知乎发问得到 130 份善意回答，收获了不同角度的温暖和关怀；阅读量超 62 万次，让更多人懂得理解与关爱；获得超过 7500 次分享，有温度的内容被自发扩散得更广。

广告总曝光量达 4419 万次，曝光完成率为 122%；广告总点击量达 132.8 万次，点击完成率为 150%；内容总阅读量达 177.7 万次，内容阅读溢价为 134%。

点评人：于永俊　兰州大学新闻与传播学院广告系主任

如何让品牌营销既具有商业价值又具有社会价值？如何使“品牌”与“公益”实现无缝对接？知乎 × 金领冠“知识众创母爱 $3m^2$”案例为我们找到了一条路径。

解决公共场所妈妈们哺乳难题及在公共场所增加“母婴室”并不是一个新的“公益话题”。如何让这样一个老“公益话题”变得有新意？如何使这样一个“公益话题”真正落地？知乎 × 金领冠“知识众创母爱 $3m^2$”案例充分发挥知乎线上平台专业用户丰富、多元的优势，制造话题、引领话题，通过线上知乎用户的讨论、评论，调动线下知乎用户来自各专业领域的优势，打破圈层文化的壁垒，通过知识众创，搜集解决“公共场所妈妈哺乳难”的解决方法，找到“母爱 $3m^2$”母婴室的落地方案。

从品牌发起全民议题到超级用户跨界助力、献计献策，再到最后邀请“大咖”定制并改造线下“母爱 $3m^2$”母婴室，整个案例营销逻辑清晰、传播互动有序，“公益”与“品牌”相得益彰。

油烟不上脸：帅康发明潜吸式油烟机

获奖单位：浙江帅康电气股份有限公司

产品及品牌

浙江帅康电气股份有限公司（以下简称“帅康”）创立于 1984 年，专业生产吸油烟机、燃气灶具、集成灶、消毒柜、电烤箱、电蒸炉、微波炉等家用厨房电器产品。帅康掌握核心科技，凭借领先的智能制造工艺、全球化的工业设计、卓越的产品品质，现已成为行业标准的制定者、技术创新的探索者、社会责任的先行者，也因此先后获得中央电视台授予的“CCTV 民族匠心品牌”和“CCTV 大国品牌”称号。2019 年，帅康品牌价值高达 403.97 亿元，连续 12 年蝉联中国品牌 500 强。

2018 年，帅康创新推出潜吸式油烟机，其“油烟不上脸”的产品效果和健康厨房理念受到越来越多消费者的喜爱和认可。2019 年，帅康全面践行“春天的战略”，让用户的烹饪更健康，为更多家庭打造幸福生活。

营销传播背景

1. 传统油烟机同质化严重，卖点都聚焦在大吸力、不跑烟上

目前，欧式机一般离灶距离为 65 ～ 70 厘米，人们在做饭时要低头 10 ～ 25 厘米才能看到锅里的菜。因此，如果用传统欧式油烟机，油烟一般会先经过脸，再被顶部的油烟机吸进去。

2. 厨房油烟危害大，已被多家权威机构证明

厨房油烟中含有300多种有害物质，最主要的肺癌致癌物是DNP（二亚硝基哌嗪），人们在厨房里准备一餐时所吸入的DNP，竟然是室外新鲜空气中含有DNP的188倍。更让人震惊的是，用通风系统差、燃烧效能极低的炊具做饭，对健康造成的损害等于每天吸两包烟。

3. 帅康推出潜吸式油烟机，传播“油烟不上脸”的产品定位

如何实现“油烟不上脸”？帅康采用深潜近吸科技，颠覆性地将烟机吸风口下潜至距灶台35厘米的黄金控烟区，近距离吸油烟，在油烟刚起且尚未升腾时快速吸除，避免油烟经过脸部，真正实现油烟不上脸。

- 把“潜吸式油烟机 = 帅康”“油烟不上脸 = 帅康”理念植入用户心智。
- 使帅康潜吸式油烟机成为油烟机继“中式”“欧式”“侧吸式”之后第四大品类。
- 让年轻消费者认可帅康潜吸式油烟机。

帅康采取了“两步走”的营销传播路径。先帮助消费者尤其是年轻消费者了解什么是“油烟不上脸”，以及为什么要“油烟不上脸”，在消费者形成初步的概念认知后，继而通过深化RTB（实时竞价）广告对消费者进行深度培育。

1. 概念认知

（1）新品发布会。

2018年9月19日，帅康召开潜吸式油烟机新品发布会，行业协会、合作伙伴、近百家媒体共同见证了这一精彩时刻。此次发布会在行业内及市场上引起了热烈反响，瞬时引爆帅康潜吸式油烟机热度，为接下来新品的热卖做了良好的声势铺垫。

（2）投放“油烟不上脸”TVC（商业电视广告）。

帅康拍摄了新的“油烟不上脸”TVC，并在新品发布会后，立即在央视等主流媒体进行投放，让更多消费者认知潜吸式油烟机和“油烟不上脸”的概念。

（3）创意短视频。

帅康创作了短视频《超级粉丝》《女人最好的护肤品》，通过对肺癌的科普，表达“女人最好的护肤品是远离油烟”的理念；将产品作为剧情反转的“神器”融入其中，用幽默、风趣的表现方式引起共鸣，突出“油烟不上脸”的主旨。

（4）态度化创意海报。

帅康通过打造“厨房法庭”IP 概念，把油烟拟人化，以审判油烟的戏谑手法科普油烟危害及潜吸式油烟机“油烟不上脸”的概念。

（5）品牌微博联盟。

在 2018 年 10 月“肺癌月”之际，帅康联合 40 个品牌在微博共同发起 # 肺·常健康 # 话题，呼吁更多人关注厨房油烟问题。该话题阅读量超过 1.1 亿次、讨论量超过 2.8 万条，引爆社交媒体。

（6）搜索引擎优化。

为使“潜吸式油烟机 = 帅康”“油烟不上脸 = 帅康”理念占领消费者心智，帅康在百度进行了关键词优化。用户搜索“潜吸式”“优雅不上脸”等关键词时，首页展示的都是帅康潜吸式油烟机相关信息。同时，帅康在百度知道、百度经验也做了相关 SEM（搜索引擎营销）优化。

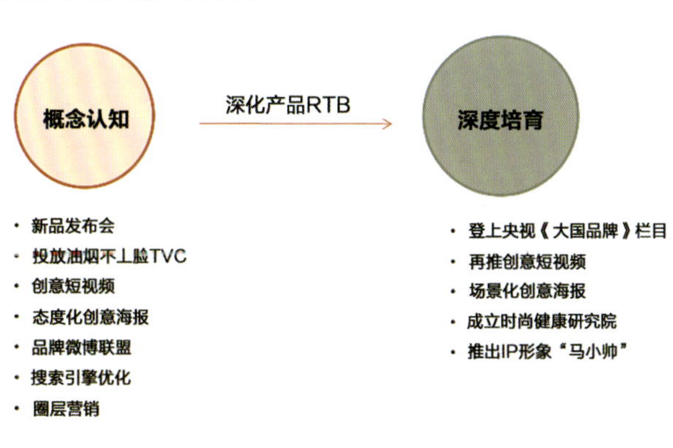

帅康潜吸式油烟机营销传播策略

（7）圈层营销。

行业权威人士在“肺癌月”集体发声科普油烟危害，为帅康潜吸式油烟机“代言”。

2. 深度培育

（1）登上央视《大国品牌》栏目。

帅康挖掘潜吸式油烟机背后的故事，拍摄成 3 分钟短视频，在央视《大国品牌》栏目播出。通过权威媒体为帅康潜吸式油烟机和“油烟不上脸”背书，增加信任感，深度培育用户。节目播出后得到了社会各界的热议。

（2）再推创意视频。

帅康创作了《地铁篇》《洗头篇》《妈妈篇》3 支系列创意短视频，短片幽默、风趣，在不同场所因油烟味重而遭遇的尴尬情景中，以产品作为剧情反转，突出“油烟不上脸”的主旨。短片将现实生活中的“尴尬”场景联系起来，与消费者产生共鸣，获得了较高的关注度。

（3）场景化创意海报。

在 2018 年中国家电及消费电子博览会（AWE）期间，帅康展出以“别让爱你的人一忍再忍”为主题的系列海报，通过 5 种不同的角色，控诉厨房油烟危害；用生活化的语言，表达了家庭和油烟间的“爱恨情仇”，引人深思。

（4）成立时尚健康研究院。

在 2019 年上海 AWE 期间，帅康展馆推出了“时尚健康研究院”，通过与知名化妆品品牌的结合展示，传达健康、时尚、爱家的现代女性思想。未来，帅康将继续把“时尚健康研究院”这个营销 IP 做大，与不同时尚品牌联合，为现代女性打造健康、时尚的厨房解决方案。

（5）推出 IP 形象“马小帅”。

帅康推出 IP 形象“马小帅”，用拟人化、年轻化的方式与新消费群体沟通、互动，让他们对帅康潜吸式油烟机有更深入的认知。同时，帅康还推出了 IP 的延伸文创产品及微信表情包，让传播更有趣、好玩。

（1）帅康微博相关话题阅读量超 1.1 亿次；相关视频播放量超 2400 万次；互

动量超 400 万人次。

（2）媒体关于帅康潜吸式油烟机的新闻报道超 1 万条；百度指数同比增长 574%；传播影响人数超 1100 万。

（3）在帅康油烟机的销售占比中，帅康潜吸式油烟机已高达 70%，使帅康整体销售客单价提升 50%。帅康潜吸式油烟机成为名副其实的爆款机型。

（3）“潜吸式油烟机 = 帅康”“油烟不上脸 = 帅康”理念已牢牢占据消费者心智，获得行业及市场的高度认可，同时有不少竞品开始“致敬”帅康概念。

点评人：高丽华　北京工商大学艺术与传媒学院党委书记

作为常用的厨卫家电产品，油烟机的同质化程度很高，多数品牌将卖点聚焦在大吸力、不跑烟上，创意相对单一，传播模式刻板，消费者难以形成差别化的品牌认知。帅康从厨房油烟危害健康这一消费者无法回避的痛点出发，推出了具有技术创新优势的潜吸式油烟机，力图与其他油烟机形成差异化。那么，如何体现潜吸式油烟机的优势？帅康抓住了厨房做饭会导致油烟上脸这一难题，在定位上巧妙地实行了品类定位而非传统的品牌定位方式，将潜吸式油烟机定位为“中式”“欧式”“侧吸式”之后的第四大油烟机品类，实现了产品和市场细分，也更精准地体现了帅康的消费者洞察策略，进而有效支撑了“油烟不上脸”这一创意诉求点。

为了塑造活泼、亲和与生动的品牌个性，帅康的传播策略采取了好玩的创意内容 + 多元化传播渠道，力求与年轻消费者实现深度沟通，在强化“油烟不上脸”这一品牌概念的基础上，对消费者进行深度培育，品牌传播成效很明显。一是传播力效果：本次传播以消费者高度参与、自主传播为主，费用不高，却在微博、百度指数等互联网领域获得了精准传播效果。二是销售力效果：潜吸式油烟机成为名副其实的爆款机型，占帅康油烟机销售额 70% 以上，使帅康整体销售客单价提升了 50%。三是品牌定位效果：“油烟不上脸”的品牌概念牢牢占据消费者心智，获得了市场的高度认可。品牌传播的立体化、可见性效果充分体现了帅康品牌的杰出营销成果。

中信银行“全球签”

获奖单位：中信银行

在中信银行总行和分行通力合作下，中信银行零售银行部于 2015 年启动了中信银行“全球签”产品研发项目。经过近 1 年的开发、测试及试点工作，该项目于 2016 年 7 月 5 日上线，并于 2016 年下半年在全国范围内进行了推广。2019 年，中信银行“全球签”全新升级，升级版“全球签”更加强调“全、快、简、尊”4 大优势，即签证覆盖国家全、办签速度快、办签材料简化、客户尊享 VIP 礼遇。

经过 21 年的业务发展，在“要出国、找中信”的品牌背书下，中信银行升级版“全球签”已经成为银行业首屈一指的特色产品。中信银行“全球签”产品的上线是对传统签证办理模式的全面革新，对深化银行出国金融服务、支持业务营销获客具有重大意义。

1. 目标市场的规模分析和成长前景预测

根据联合国世界旅游组织的数据，近年来，中国出国游客人数不断攀升，已连续多年位列全球第一大出国旅游客源国，全球出国游总消费额约 1/5 来自中国游客。

而签证作为旅游行业的细分领域，有近 900 亿元的市场规模。

随着出国人群不断壮大，办理签证的需求日益加大。对于客户来说，办理签证的痛点在于烦琐的签证申请表填写、复杂的办理流程和领区的地域限制等。随着中国消费者逐渐被重视，现在不少出国游的目的地国家针对中国游客逐渐放宽了签证，具备免签增多、手续简化等优势的线上签证办理将成为未来主流。随着互联网技术的日臻成熟，以及客户资料信息免填单、电子档审核等业务模式的推广应用，市场亟须建立快速、简单的一站式签证办理模式，释放更多营销机会，提高签证办理效率，提升客户体验。

2. 竞争格局分析和竞争对手分析

就签证大市场而言，国旅、凯撒旅游等传统旅游机构，携程、去哪儿等旅游网站，飞猪、签宝等新兴的专业互联网办签平台，仍然占据签证市场的主流。此外，一些银行根据出国金融业务发展的需要也推出了部分国家的签证业务。

中信银行作为金融机构，相比传统旅游机构、旅游网站和专业办签的线上机构，除了签证办理业务，还有个人结购汇、外币兑换、跨境汇款等全套的出国金融业务，同时全国有 1400 多家网点支持线下业务办理，形成了“金融 + 签证”的竞争优势。对比其他银行的签证业务，中信银行“全、快、简、尊”4 大优势更加明显。一是中信银行“全球签”覆盖全球 73 个国家，更获得了 9 个国家大使馆 / 签证中心的权威授权；二是中信银行“全球签”能实现欧洲、美洲、亚洲和大洋洲四大洲热门国家快速出签，比正常办理的时间短，其中新加坡、马来西亚最快 24 小时出签；三是在材料流程上进行了简化，如符合英国签证条件者，仅凭护照、身份证、照片即可办理签证；四是客户尊享一站式的签证服务及专属权益，其中英国“如意签”更是尊享权益的代表产品。

中信银行“全球签”主要针对“旅游”“留学”两大客群，瞄准“签证办理烦

琐”的痛点，不断优化办理流程和客户体验，为客户提供“签证 + 金融”的全套出国服务。

1. 22 年服务经验

早在 1998 年，中信银行就获得了美国大使馆授权，成为唯一官方指定代缴费、代传递和护照返还的机构。2020 年，中信银行独家代理美国签证 22 年，有着丰富的美国签证办理服务经验。

目前，中信银行已获得美国、英国、澳大利亚、以色列、意大利、巴西、新加坡、南非、新西兰 9 个国家大使馆 / 签证中心权威授权，办理签证代缴费或代传递业务。

2. 73 个热门国家全覆盖

中信银行“全球签”提供欧洲、美洲、亚洲和大洋洲四大洲 73 个国家的单次及 1 ～ 10 年多次往返签证服务，包括美国、加拿大、德国、法国、澳大利亚、新西兰、日本、韩国、泰国、马来西亚等国家。

3. 极速高效出签

美国、澳大利亚及欧洲地区最快 3 ～ 7 个工作日出签；新加坡、马来西亚最快 24 小时出签；泰国最快 48 小时出签；针对加拿大、澳大利亚、新西兰、俄罗斯、韩国等国家设有专属送签通道，使馆受理周期缩减一半。

4. 材料流程极简

中信银行“全球签”流程极简，符合加拿大、英国、俄罗斯、日本、韩国、新加坡签证条件，可享签证申请材料减免；马来西亚、泰国可实行电子签，免排队，快速出签。

5. 上门服务

中信银行获英国大使馆权威授权，推出了英国“如意签”服务：英国签证官提供上门服务，申请时间灵活，无须去使馆排队；享受减免 20 余项申请签证材料的专属绿色通道，签证办理简单、省时。

6. 一站式服务

中信银行“全球签”设置了 7×24 小时热线，有专人提供在线服务，随时解答签证办理相关问题；签证顾问“一对一”，由签证专员对签证资料进行审核、整理、翻译，并安排送签、邮寄。

1. 业内首创出国金融线上服务平台

为巩固出国金融业务的领先优势，解决出国金融业务网点柜面获客难题，不断提升零售出国金融业务的产能、优化客户体验，中信银行在原有签证业务优势的基础上推出了出国金融线上服务平台。该平台涵盖多项“金融 + 非金融”业务，包括使馆签证缴费、全流程签证办理、在线打印流水与开立存款证明、出行类套餐产品购买、增值服务等。

中信银行“全球签”重点针对以下方面进行设计和研发。

- 扩大直接合作的签证使馆范围，满足客户出国目的地日益多元化的需求。
- 通过技术整合手段实现线上签证服务。
- 完善业务办理流程，优化客户以前在线下填写复杂表格的方式，可以通过线上资料填写来实现；提供一个简化的入口，为用户提供不用看签证表即可直接在线上填写资料的填报服务。同时，用户在二次办理签证时，平台可直接根据之前留存的用户资料自动填写。
- 中信银行“全球签”提供流程更短的服务，代传递除了减少线下送材料时间，还提供实时更新签证进度查询服务，方便客户 24 小时跟踪出签进度。

2. 推出“如意签”上门服务

中信银行获得英国大使馆官方授权，上门提供专业、贴心的服务，客户无须去使馆排队，申请时间可由客户灵活安排，且简化材料 20 余项，极大地节省了英国签证办理时间。英国“如意签”的推出改变了传统英国签证办理往返奔波、时间受限、高峰期排队、材料复杂等烦琐流程，客户只需要与中信银行任一网点联系，即可预约办理。

3. 以多种形式进行营销传播

中信银行于 2016 年 7 月 5 日在总行营业部举办了“全球签”项目发布会，在业内首推“全球签”服务。凡是中信银行借记卡、信用卡客户，都可以通过该行便捷地办理美国、英国、加拿大、意大利、澳大利亚、日本等 73 个国家的签证业务，且出国金融产品也丰富至七大类。2017—2018 年，中信银行推出了“全球签”线上办理平台；2018 年，中信银行推出了英国“如意签”上门服务；2019 年，中信银行“全球签”升级至 3.0 版本，强化“极、速、超、简”办签证。

中信银行通过线下发布会、网点海报、折页及线上品牌视频、长图、H5 等多样化的传播形式有效实现客户转化，真正做到了“品效合一”。

1. 中信银行“全球签”业务累计为银行带来大量新增资产

中信银行累计为 6 万名高品质客户办理了全流程的签证服务，累计为银行带来了近 100 亿元的新增资产。

2. 中信银行“全球签”打破传统的签证业务处理流程，备受客户青睐

中信银行“全球签”摒弃传统业务操作流程，节省纸质档案，使用电子化处理实时归档，大量节省了人力、物力；减少人工干预，简化管理工作，避免人工误差，最大限度地“轻量化”操作流程。中信银行“全球签”业务上线以来，广受客户好评，因环节少、操作易、时间短的优点而备受客户青睐。

3. 优化客户体验，提升银行品牌形象

中信银行全球签证系统保持全年 365 天运行，客户可随时申请签证；依托互联网，在全国范围内提供服务。无论是严寒酷暑还是刮风下雨，只要有网络，客户在家里、咖啡馆，甚至路上，都可完成签证申请，获得前所未有的签证体验。这既降低了网点运营成本，又提升了银行品牌形象。

点评人：熊发玉　新希望乳业品牌顾问

中信银行打造的“全球签”产品在企业营销中取得的成功，是一次行业性的突破。产品核心策略精准落地在“要出国、找中信”，同时对于产品的四大优势——

“全、快、简、尊”的定位，具有市场前瞻性和目标性。中信银行这次以签证业务作为Top级服务样板，对于市场开拓和品牌营销都能起到促进作用，并且在提高品牌形象的维度上能有较好的收获。在目标市场的选择上，中信银行瞄准出国游人群，对品牌的增长具有良好的促进作用，在人群聚焦上有明显的市场动机，而这样的高质量客群对于中信的行业生态地位有重要意义。在竞品判断上，中信银行针对市场痛点对产品设计做出调整并最终落在“客户体验”上，这样的产品态度值得鼓励。中信银行以服务质量来影响目标用户的市场战略，应该在整体品牌营销的规划上持续发力。

中信银行以“服务+”的产品概念，在“全球签”App端口打通金融产品入口；结合出国人群与出国金融业务网点，定位于“支持零售客户出国金融业务办理及产品营销的智能获客渠道，通过创新的客户自助办理、资料填写引导、后台审核方式，线下代传递、护照返还，优化业务办理流程，提升客户体验，增加线上、线下客户接触点”，在互联网思维的大环境下，整个业务形成闭环，完成了一次“新零售”式的业务进化。

中信银行零售品牌“信守温度”

获奖单位：中信银行

项目背景

“信守温度”是中信银行于 2018 年提出的零售业务品牌新主张，旨在将中信银行打造成一个“有温度的银行”，为客户提供不同场景下的周到服务与体验，让客户在体验中信银行的服务过程中，感受到中信银行的“温度”。

国内银行由中国银行保险监督管理委员会进行监管，各家银行在利率方面没有太大的差别，而且银行的专业性极强，因此普通人很难对其有深层次的了解。一讲到银行品牌，大众想到的都是西装笔挺，正式、严谨、规范的形象。在这种情况下，中信银行提出“有温度”的定位，与固有的“冰冷”形象区分开来。在几乎所有银行都偏向研究大数据、AI（人工智能）等方面时，中信银行回归人的本质，从情感角度出发，主打温情、服务、沟通，在“信守温度”的品牌理念下，努力让自己成为客户的情感寄托地。相比冰冷的数据，这种温情的方式更能让客户产生幸福感。而极强的专业能力、高端的金融服务水平也节省了客户的业务办理时间，让客户有更多时间与家人团聚。

市场定位

改革开放 40 多年来，我国综合国力显著提升，人民生活水平有了极大的提高。

但是，人民日益增长的美好生活需要和不平衡不充分的发展之间的矛盾较为突出。党的十九大指出，努力使改革发展成果更多更公平惠及全体人民，不断提升人民获得感、幸福感、安全感。

提升幸福感需要综合考虑各方面的因素。但“幸福经济学”中有一个“伊斯特林悖论”，即财富增加了，但人的幸福感却没有上升。其原因在于内心的获得感、人生决策的自由度、社会的慷慨程度、社会的透明廉洁程度这 4 个因素没有得到满足，它们需要通过人际、社会的沟通来达到。由此可见，社会沟通在幸福感体系中占有很大比例。

全球知名市场调研机构 eMarketer 2017 年的调查数据表明，中国人花在智能手机上的时间每天超过 2 小时 39 分钟。这一数据在 2019 年已经翻了几番。这种在手机上花费越来越多时间的趋势，对于商家来说，是重新制定市场传播策略的一个研究方向，但对于用户来说，人与智能工具的交流缺失的是一种有“温度”的了解与沟通。在人际、社会的沟通需求没有得到满足的情况下，人民的幸福感很难实现质的提高。

满足美好生活需要、满足幸福感，是各行各业一个重要转型方向。银行作为金融服务业，未来方向就是要提供“有温度”的服务，让客户获得满足感和幸福感。中信银行提出“信守温度”品牌新主张恰逢其时。同时，中信银行也希望通过向社会传递温度，让更多人用心感受爱的温度，使生活拥有更多新可能。

消费者行为分析

当今社会，“80 后”“90 后”逐步成为银行客户的主力军。该类人群的成长伴随着互联网的发展，可以说是他们创造了“互联网思维”。作为“网生代”，他们对金融的理解和习惯较老一代人发生了巨大变化：一是金融信息获取渠道更为宽泛；二是互联网及电子产品使用熟练；三是对于理财产品、货币基金等互联网金融产品接受度较高；四是消费观念超前，较多地持有信用卡和办理消费贷；五是注重体验和交互，愿意尝试新鲜事物，热衷分享。这类人群更侧重于情感的需求，追求真实的体验与互动，愿意为更好的服务体验买单。在此背景下，中信银行认为，银行的零售业务不应仅满足“网生代”对金融的功能性需求，而应打造一种交互式的体验场景，将社交、场景和生活进行全方面融合，让客户面对的不再是一个冰冷的金融银行，而是一个“有温度”的大家庭，使他们获得情感的归属感。

一项研究表明，70% 的客户丢失不是因为产品问题，而是因为服务问题。现在银行同质化竞争严重，金融产品差异不大，拼的就是服务。从某种程度上说，做好服务是赢得“营销战”的关键。

“信守温度”的“信”字，是具有厚实积累的品牌资产的传承，也是中信银行“以信致远，融智无限”的核心精神，即给客户提供“值得信赖”的服务、值得“信赖”的产品、值得“信赖”且便捷的服务渠道。“信守温度”理念的核心是“以客为尊”，从用户内心需求出发，以产品服务满足形成品牌并驱动业务。此外，“信守温度”与中信银行的“四有”核心文化建设理念也高度重合。

在总的品牌理念下，中信银行将私人银行、出国金融、个贷业务、财富管理、手机银行、客户经营、信用卡等业务划分为不同的板块，对每一个板块对应的人群特征加以总结，在此基础上为不同人群推荐个性化的金融产品。例如，针对私人银行板块的高净值客群，中信银行为其打造了“钻石管家”、私人信托等产品，用 24 小时管家式高端服务来吸引客群；针对出国人群，中信银行打造了“要出国、找中信”子品牌理念，通过整合一系列的金融产品，将“全球签”、结购汇等产品做成一个体系，提供一条龙服务，让客户无后顾之忧；存款业务是基本业务，该范围内人群的需求主要为保本增息，力求在稳妥的范围内实现财富增值，因此中信银行推出了结构性存款、“增利煲”、大额存单等子产品，在最大范围内提升产品收益。只有想客户所想，解决客户痛点，才是对“温度”的最好证明。

除了按照需求划分产品板块，中信银行还为不同客群定制了“专属产品”。针对老年客群，中信银行推出了“月月息”产品。这种固定“领工资式”的产品正是为了满足老年人“被社会需要”“有上班领工资的感觉”的情感需求。同时，中信银行还大力打造“幸福年华”品牌体系及“甲子商城”领福利模式。中信银行以“老年大学智慧化云服务平台”解决老年大学报名难问题，让老年人老有所学、老有所乐。针对女性客群，中信银行打出“悦己，悦家人”的客群口号，推出女性“白金卡”，让女性惠享电影、化妆品等多项权益。针对出国客群，中信银行推出了“要出国、找中信”的理念，“全球签”口碑爆棚，让客户真正实现了“想去哪儿，就去哪儿”的旅行愿望，且不断简化程序，让签证这件事变得极其简单。中信银行手机银行转账等服务手续费低、即时到账，能真正解客户燃眉之急。中信银行理财平台——信汇投资平台上的外币“薪金煲”、美元理财等外币理财产品收益普遍较高。信用卡客户基本为“80 后”“90 后”，他们具有超前的消费意识、时尚的潮流体验。中信银行推出的“无限秘书”“信运汇”等服务和产品，体现了潮流、时尚、动感的特征，将服务与产品结合做到了极致。

营销传播方式及效果

1. 营销传播方式

产品处处体现“温度”。在总体的宣传上，中信银行全程贯彻落实“温度”二字。

（1）在图、文、刊中对中信银行核心业务进行“温度”解读，完成品牌概念诠释。

（2）由 KOL 撰写品牌新闻稿，以有深度、有影响力的稿件引起社会的注意，分行各级员工在微信朋友圈等自媒体平台进行推广，扩大影响力。

（3）阐述“信守温度”理念，推出品牌 TVC。将“月月息”、私人银行、“钻石管家”、个人贷款等重点业务，针对四大客群，单独拍摄“月月息”“幸福年华”等相关主题视频，利用 KOL 大号、地铁站、机场、公交候车亭等渠道进行重点宣传。

（4）暖心网点人物故事评选。中信银行总行开展“最美微笑的瞬间”“我为幸福加一度”等活动，各分行积极推选网点人物，在抖音、微博等有影响力的平台进行评选，号召广大网友积极参与、热心留言，将活动打造成社会级事件，引起网友的探讨，扩大“信守温度”的品牌影响力。

（5）举办专家论坛，与《金融时报》《中国消费者报》《财经》《经济导刊》等各大报纸、期刊合作，进行品牌公关。

（6）H5、小游戏、抖音小视频同步上线，合力推广“信守温度”品牌理念。

（7）重点节日重点宣传。中信银行针对母亲节推出《我的妈呀》视频短片，针对父亲节推出《他的背影》视频短片，并在感恩节、中秋节等时间节点举办营销活动，配合图、文、刊的推广宣传，提升保有客户的品牌认同感，提高品牌黏性，扩大潜在客户范围。

（8）通过金融科技大数据、移动智能 App、渗透多样场景的金融服务和便民服务、量身定制的理财与投顾服务、银行营业厅里的红色共享雨伞、机场大厅提供的“云端图书馆”等，传递中信银行“信守温度”的主张。

2. 营销传播效果

中信银行品牌建设成果显著。总行在 20 个分行的公交候车亭、4 个分行的电梯海报框架、首都机场、北京地铁等户外媒体，以及 200 多家平面、网络媒体进行了广告投放；结合中秋、国庆、元旦、春节等重要节日，广泛利用微信朋友圈、今日头条、《人民日报》客户端、抖音等核心平台进行品牌传播，累计曝光量达 4000 余万次；“有温度的瞬间”公关征集活动吸引超过 100 万人关注。全部媒体投放曝光量过亿次。

中信银行通过《人民日报》客户端曝光量高达 3116.82 万次，点击量达 31.91 万次。与此同时，“月月息”、私人银行、个贷推广相关视频点击量达上万次，母亲节品牌视频《我的妈呀》、父亲节视频《他的背影》等引起社会热议，获得众多“80 后”“90 后”情感共鸣，被夸赞为“走心视频。”

目前，中信银行各推广任务已圆满完成。在所有人的共同努力下，中信银行的“信守温度”理念深入人心，客户量有明显的增加，用户对中信银行的好评度也持续上涨。

案例总结

品牌建设的良性发展为金融产品带来了新的活力。“信守温度”的品牌蕴意激发了客户内心的需求和情感，极大程度地提升了大众对中信银行金融产品的认可程度，使中信银行各大产品的销售业绩有了明显提升。除了最为直观的业绩提升，“信守温度”这个品牌概念也让众多以往没有关注中信银行的人群眼前一亮，很快地记住了这个品牌。可以说，“信守温度”品牌建设不仅对业绩有良性刺激，而且进一步打响了“中信银行”这个名号，使其获得了一大批潜在客户，前景不可估量。

品牌建设要落到实处，必须从上到下、从内到外全方位执行。中信银行将品牌定位内嵌到零售银行各个产品线中，让柜台服务、贵宾服务、私人银行服务、手机银行、信贷服务、支付结算、信用卡、财富管理、出国金融等产品线在“信守温度”的品牌定位下，焕发出了新的活力。服务行业应牢牢把握每一件小事、每一声客户的赞扬，这些涓涓细流最终都会汇聚到品牌内涵中，成为中信银行品牌建设的主线。

杰出品牌营销奖·单项奖

单项奖·杰出传播奖

OPPO Reno 上新全域整合营销

获奖单位：OPPO、阿里妈妈

作为阿里巴巴集团旗下大数据及电商营销平台——阿里妈妈，从手机行业的特点和 OPPO Reno 的品牌定位入手，充分发挥深度数据挖掘的能力，为 OPPO Reno 系列手机上新定制了一套全域整合营销方案。通过基于数据洞察深度定制的人群包，以及阿里妈妈创意团队设计的 AR 表情包、互动 H5、品牌专区，OPPO Reno 系列手机品牌专区的点击率达到了 OPPO 历史投放最高值。

这已不是 OPPO 与阿里妈妈的第一次创新合作。OPPO 方表示："我们想要的不是硬性营销，而是双方密切配合，一起找到对的人（消费者）、说对的话（品牌表达），共同探索更多、更好的营销方式。"

目前，我国手机行业红利逐渐消失，手机出货量持续放缓，行业竞争呈白热

化。为争夺新市场份额，2019 年，OPPO 推出了全新的拍照手机 Reno 系列。然而，每年春季是手机上新旺季，各大手机厂商扎堆发布年度旗舰产品，对于消费者的抢夺之战更加激烈。OPPO Reno 系列手机缺乏用户基础，急需“占领”消费者心智。

区别于以往下沉市场，OPPO Reno 系列手机瞄准了一线城市充满想象力、活力蓬勃的高消费群体。在消费者行为碎片化的时代，如何通过媒体整合，最大化触达一线城市年轻人场景？面对品牌转型升级，创意营销如何通过有趣的内容俘获目标消费者？

此次 OPPO Reno 系列手机瞄准一线城市的高消费年轻人，因此 OPPO 希望借由阿里媒体，打造大声量、大曝光营销模式，建立一线城市年轻人群对 Reno 系列的认知心智，抓住一线城市年轻人的心态，持续用年轻人喜欢的方式与年轻用户进行沟通。

OPPO 新品营销节奏分为新品发布、预售期、首销日和热销期 4 个阶段。在此期间，品牌通过全网优质媒介合力引流，加强人群互动和购买转化，实现新品认知度和转化的双提升。

1. 媒体策略

OPPO 细分市场人群，通过生活出行、娱乐、购物全方位媒体的平台串联，精准击中年轻族群，打造手机上新的全链路闭环。

2. 目标人群策略

根据阿里大数据洞察，OPPO 过去的消费者以下沉城市的“蓝领”消费群体为主。针对 OPPO Reno 系列产品，应重新定义目标人群。

3. 内容营销策略

手机淘宝“头牌新草”频道深度“种草”，科技垂直媒体、数码达人开箱视频测评，为 OPPO Reno 开启全方位的测评解读。

4. 创意传播策略

OPPO 提炼艺术插画的年轻基因，让用户“玩”创意，丰富内涵及可玩性，并将其应用到预热期、预售期等多个传播阶段和互动渠道中。在预热阶段，把品牌插画转换成表情包与年轻人进行 AR 互动，引发微信朋友圈分享并引导消费者搜索相关产品；在开售阶段，进一步通过播放明星独家悬念视频，实现购买转化。

（1）粉丝互动——AR 表情包互动 H5。

人脸识别结合 OPPO Reno 艺术插画即时生成表情包，让粉丝体验 OPPO Reno 产品特色，开启“病毒式”传播。

（2）手机淘宝品牌专区陀螺仪重力感应玩法让广告“动起来”。

手机淘宝品牌区配合发新节奏，组合创意策略，在消费者决策路径的第一触点做创意“洗脑”。

（3）明星 × 天猫小黑盒，联合引导购买转化。

通过播放明星独家悬念视频，OPPO 号召粉丝应援“打 call”并为新品带货。

1. 新品充足曝光

OPPO Reno 全域总曝光量过亿次，新品浏览人数对比上一代产品提升超过 200%。

2. 用户深度互动

阿里妈妈大数据定制投放人群较日常 CTR（点击通过率）平均提升 2 倍，插画品牌专区互动率高达 80% 以上，AR 表情包 H5 互动率高达 60% 以上。

3. 高效助攻销售

对比上一代产品，OPPO Reno 成交转化效能提升 3 倍，新品整体销量翻 10 倍，新品浏览 UV（独立访客）数量提升超 2 倍。

案例总结

阿里妈妈根据 OPPO Reno 手机的发新节奏，适配不同的媒体组合，精准覆盖一线城市年轻消费者的生活出行、娱乐、购物等多个场景，为其打造了一套全域整合营销方案。在整个新品营销策略中，阿里妈妈有洞察、有策略、有节奏、有互动、有内容、有创意、有媒介，全方位地为 OPPO Reno 新品上新保驾护航。

OPPO Reno 借助阿里大数据能力精准洞察目标人群，是此次品牌传播中非常重要的创新营销举措，是其对 Uni Marketing（全域营销）的又一次深度实践。过去，由于缺少大数据的支持，品牌传播往往难以有效触达目标客户群，广告投放与客观实际也存在较大落差。阿里妈妈作为国内领先的大数据营销平台，拥有阿里巴巴集团的核心商业数据，其凭借强大的数据挖掘能力，不断精耕数据价值，与 OPPO Reno 共同制定了科学、高效的营销方案。品牌传播与电商联动的优势在于更完整、更直接、更有实效的营销，用户既能感受到品牌理念，又能参与新品互动，更能直接点击链接、跳转购买。企业由此寻找到了一条短、平、快的营销道路。

来伊份18周年庆“18岁，玩出界”营销案例

获奖单位：上海来伊份股份有限公司

营销背景

近年来，中国食品制造产业表现良好，呈稳定增长态势。整个食品制造业转型升级正在提速，谁能抓住机遇，谁就能迎头赶上、脱颖而出。2018年，来伊份在全渠道扩张、智慧零售及品类结构升级等方面开展了一系列积极的转型动作，意欲全面抢占休闲零食市场。来伊份通过“休闲食品健康产业共同体”的持续建设，积极优化升级原有的供应链组织及运行模式，从商品溯源、商品角色、包装、规格、价格、标准、供应链体系追溯等多维度，建立了全渠道商品管控机制、库存管控机制、原料管控机制、整合机制、供应商联盟协同机制。2018年上半年，来伊份实现营业收入19.93亿元，同比增长11.17%；直营门店为2352家，新增275家，同比增长13.24%；加盟门店为276家，增加94家，同比增长51.65%。线下终端渠道扩张加速，表明来伊份已经在全国范围内形成了良好的品牌效应，其市场规模、头部企业地位不断凸显。

营销策略

1. 传播路径

2018年9月，来伊份18周年庆“18岁，玩出界”营销项目采取了发布主话题、

与 18 家品牌“蓝 V”联动、官微与代言人互动、“生日趴”现场直播、播放明星互动视频等传播方式。

2018年9月5日
18家品牌“蓝V”联动
发布创意联合海报传播
引爆100多个品牌跟进发联合海报

2018年9月10日
官微与代言人互动
制造悬念
引发粉丝热议
主话题不断扩大曝光

2018年9月12日
产生明星爆款产品
“生日趴”现场直播
双微KOL传播“生日趴”
#×××明星店长#话题登话题榜No.1
定制礼盒、月饼等产品脱销

2018年9月17日
#18岁，玩出界#话题阅读量
达2858万次
发布品牌联动中秋创意长图
H5小游戏趣味发月饼券

2018年9月3日
发布主话题
“生日趴”预告
承包同龄人零食
18家品牌“蓝V”盖楼支持

2018年9月6日
公布获奖粉丝
福利引发热议

2018年9月11日
明星赴约视频回复伊仔
视频点击量不断攀升
明星粉丝被“生日趴”活动吸引

2018年9月13–16日
社群精准定位花式派券
烹小鲜联盟“双微”KOL互动发月饼
增加年轻群体覆盖面

 来伊份 18 周年庆传播路径

2. 四波叠加

（1）第一波之“大手笔福利引爆饭圈”。

来伊份发起“天选之子”互动活动，抽中一位“天选之子”，承包他 / 她大学 4 年的零食，并为他 / 她提供与代言人见面的机会。该活动单条微博浏览量达 50 万人次，转、评、赞共 11 943 次，累计覆盖 60 多万人。在周年庆系列活动期间，来伊份官微自然增粉 1.5 万人。

通过“你送祝福语，我再送你见偶像的机会”，来伊份频频与粉丝诚意互动，收获真心祝福。来伊份官微发起征集生日祝福送粉丝见代言人的福利，“炸”出一大批真 / 老顾客。

（2）第一波之“品牌联动引爆广告圈”。

来伊份与 18 家品牌联动话题获得高热度，联合海报更是惊艳刷屏。18 家品牌发布联合海报，系列化的画面和文案创意打出了 18 岁周年庆的气势。18 家品牌“蓝 V”集体回应来伊份，并为“天选之子”活动加注，包括：一叶子、海尔、小米商城、百雀羚、中国联通、搜狗、青岛啤酒、杰士邦、美团外卖、蜻蜓 FM、猫眼电影、得力、罗西尼、网鱼网咖、方太、哈罗单车、途虎养车、百合网。

在 18 家品牌之后，更多品牌自主加入此次联合营销，发布了联合海报。与来伊份官微互动的品牌超 100 家，引爆广告圈。

（3）第二波之“粉丝营销年轻爆棚”。

第二波营销活动充分调动粉丝经济，明星代言人定制礼盒成爆款，短短一天便售罄，就连代言人吃过的桂花流心月饼也脱销。活动当天小雨连绵，来伊份爱心雨伞意外成为网红伞。

来伊份官微与代言人互动为“生日趴”造势，引发粉丝集体声援。来伊份官微调皮大胆地向代言人卖萌要祝福。#18 岁，玩出界 # 话题曝光量达 2860 万次；代言人微博回复来伊份官微称，他会专程到现场为“伊仔”庆生，为周年庆惊喜加码。赴约视频总播放量达 451 万次。

来伊份借助直播平台、视频平台、网媒线上渠道立体传播“生日趴”活动内容。“生日趴”当天，爱奇艺、东方卫视、一直播、天猫、抖音直播了活动全过程，总播放量达 55 万次。100 余家网媒报道了代言人在来伊份生活馆当明星店长并收银、接外卖、与粉丝深度互动等线下活动内容。

（4）第三波之“锁定学生发福利”。

来伊份聚焦高校，联动新浪微博扩大影响力。活动内容覆盖 21 所高校的 7 万余名学生，刷新品牌活动社群号召力和参与度。

（5）第三波之“销售蓄水”。

来伊份通过全渠道派发 1.8 亿元红包，利用微信、QQ 社群，精准触达年轻受众、学生群体、女性受众和粉丝群体（受众或群体之间有交叉）。

（6）第四波“‘双微’KOL 疯狂助阵”。

KOL 扩散带动网友二次传播。传播后期，来伊份联合烹小鲜联盟，通过“双微”（微博、微信）KOL 做新媒体渠道互动，2018 年中秋节前夕拉高了月饼关注度，场景营销增加了来伊份品牌知名度，吸引了喜欢娱乐的年轻人关注品牌。40 多位 KOL 为本次营销助阵，共获转、评、赞量多达 5 万次，评论区随处可见网友心声。

在此前 18 周年庆 4 波活动中，来伊份月饼已作为奖品和爆款产品频频露出。最后，品牌联合中秋创意长图和中秋趣味 H5 小游戏，将 18 周年庆的声量和网友对来伊份中秋月饼的关注衔接起来，完成从 18 周年庆到中秋佳节的无缝过渡及导流转换。

营销传播效果

来伊份 18 周年庆“18 岁，玩出界”营销项目总曝光量达 9350 万次，话题总阅读量超 5100 万人次，品牌联合传播曝光量达 2246 万次。

18 周年庆活动前期，来伊份官微以 #18 岁，玩出界 # 为主话题，以符合新媒体口吻的“18 岁就要为所欲为”为引，联合 18 家“蓝 V”集体“盖楼”并发微博，祝福来伊份 18 岁生日快乐；随后，官微与来伊份品牌代言人进行有爱互动，吊足粉丝胃口；通过两道“前菜”造势之后，“生日趴”当天整个营销传播达到高潮。“生日趴”当天，#××× 明星店长 # 话题阅读量猛增至 2320 万次，见证了来伊份 18 周年庆盛况。品牌联合海报发布后，主话题 #18 岁，玩出界 # 荣登小时榜 No.3，#××× 明星店长 # 在“生日趴”当天荣登话题榜 No.1。

在来伊份 18 周年庆“生日趴”传播期间，4 波活动声浪叠加，福利连连，网友、粉丝助推强劲。来伊份微指数在“生日趴”前夕达到峰值，百度指数在首波福利和“生日趴”过后均实现激增。

来伊份充分把握市场先机，趁势而动，明确了产品种类多样化和产品快速迭代的核心竞争力策略。来伊份的 18 周年庆和中秋线上线下系列活动，先后经历了品牌联合营销、娱乐营销、线下活动执行、粉丝营销、社群营销、新媒体渠道联合互动等多种形式的跨界营销方式，通过年轻化的营销传播、规模化的品牌效应、更具体验感的智慧零售模式等一系列动作，使品牌、代言人、粉丝其乐融融，取得了从高曝光到高转化的实效，完成了化流量为销量的闭环。其方法具有一定的借鉴意义，发展前景值得期待。

珍爱网 × 爱奇艺：女性向精准营销助力实现百万级拉新

获奖单位：珍爱网

伴随着年轻一代的崛起，“80 后”“90 后”逐渐成为婚恋市场上的“主力军”。作为互联网“原住民”的他们，更倾向于利用互联网平台交友。与此同时，我国网络婚恋渗透率也逐渐提高，2018 年已经达到 49.1%。但作为婚恋交友行业的“领头羊”，珍爱网如何在拥有庞大用户的基础上实现新用户的增长，是其面临的一大难题。

此次珍爱网借助爱奇艺受众群体年轻化的优势，在人群细分的基础上，对营销场景及用户观看的剧目类型进行匹配，针对女性用户进行了精准营销。该项目在首次打造婚恋交友行业跨界营销的同时，为同行业广告主提供了一个可以借鉴的标杆性案例。

爱奇艺汇聚了优质小甜剧资源，同时拥有强大的造星能力，是少女心的聚集地。荧幕上“可盐可甜”的小哥哥激发了无数女性的少女心。她们也在不知不觉中描绘了自己心中的“理想型男友”。

珍爱网携手爱奇艺进行了一次“启发式择偶”营销，为适婚女孩打造“准男友天团”，在短短 2 个月时间内成功吸引约 200 万名女孩的参与。

1. 锁定年轻用户，初步圈定人群

珍爱网此次营销项目将目标群体确定为 25 ～ 40 岁，一、二线城市的女性用户，她们喜欢言情剧等相关剧集；关键词定向为白领、未婚、都市等，圈定收视主力人群。

2. 关联浏览习惯，提升营销效能

该营销项目基于目标用户观影需求，结合 AI 技术，打造了更懂女性的“智能人设”。

通过关联用户的浏览习惯，为女性用户精准推送适合的“理想男友”，在大大提升寻找另一半的效率的同时，提升了珍爱网的营销效果。

3. 创意素材匹配，提升用户点击

珍爱网推出的“准男友天团”汇聚了各种类型的男性，他们“可盐可甜”，充分满足了女性择偶的多元化需求。

爱奇艺通过用户大数据及 AI 技术打造“准男友天团”，以优质广告内容助力提升珍爱网品牌影响力，高效实现了营销目标。

▲ 传播效果

爱奇艺平台上汇聚了大量泛娱乐用户及优质内容。此次与珍爱网联合，充分使

用了公域和私域数据，通过年龄、关键词、浏览习惯等多重定向手段，不仅通过网络大数据监测用户心理，而且以“启发式择偶”的营销方式实现了节目和广告的精准匹配投放，满足了多元化的用户需求。

单项奖·杰出事件营销奖

度熊品牌营销节

获奖单位：百度北京分公司

2019 年，百度北京分公司升级打造了全新的品牌项目“度熊品牌营销节”。“度熊品牌营销节”立足于当下市场经济环境，针对企业品牌营销所面临的新机遇和新挑战，为企业深度解析百度最前沿的品牌营销理念提供更高效、更智能的创新玩法。针对该项目，百度北京分公司出品了全新的品牌营销内容及线下沉浸体验式营销场景，设置带有“度熊”IP 的产品互动，进行线上线下和内外部资源整合，发展出以项目品牌带动客户品牌认知的全新品牌活动形式。

（1）市场趋势：企业营销从重视效果到开展整合营销，市场如何响应产品需求的变化？

（2）品牌打造：如何打造自身品牌，自身的优势又有哪些？

（3）发挥优势：如何结合百度自身品牌与产品，打造全新的品牌类活动？

（4）持续渗透：如何深入触达营销创新人群？

（1）迎合市场趋势，渗透品牌产品。品牌营销是大势所趋。企业应抓住机遇，把品牌产品的作用力快速渗透，走出固有效果概念，向市场看齐，提升用户对品牌的认知并接受品牌塑新。

（2）打破传统模式，重新定义品牌活动。品牌项目不仅要完成百度的品牌营销，而且要帮助企业了解如何做自身的品牌营销。

（3）用场景营销适配品牌。通过会议、外展、直播、趣味互动等体验方式，让用户深刻浸入品牌场景，使企业更容易了解百度的产品及其品牌价值。

（4）线上直播触达更多营销创新人群。通过视频直播、照片直播，将现场的演讲内容延伸触达场外更多的线上用户，帮助更多企业了解此品牌项目。

项目策略

（1）创新项目。“度熊品牌营销节”打破传统思路，针对百度及其北京分公司自身品牌特点，进行全域场景化营销，多场景、多维度链接客户。

（2）沉浸体验。通过报名、互动、聆听、分享、售卖的全链路品牌视角，整合品牌产品，以产品矩阵全方位展示品牌对于企业的重要性，将客户全程包裹在品牌认知场景之中。

（3）场景助力。百度北京分公司组成线上邀约、媒体预热、场景体验、实况直播的多维度场景，为最后的宣讲做饱满铺垫，帮助客户提升品牌意识。

（4）持续影响。活动盛况通过在线方式进行直播，影像资料通过百度北京分公司《空中课堂》视频及合作媒体进行二次传播，持续影响潜在客群。

1. IP 包装，提升品牌趣味性

（1）IP 内容包装。

百度北京分公司运用百度自有“度熊”IP，打造“度熊学院”品牌场景，设置了“度熊品牌实验室”“度熊图书馆”“度熊广播站”“百度企业商学院”四大主题内容展示区，为与会嘉宾带来了轻松愉悦的互动体验，强化了品牌展示，加深了参会企业印象，提升了口碑和美誉度。

（2）沉浸式互动。

百度北京分公司通过沉浸式的产品互动体验，让客户实地感受聚屏、AR 等产品细节；与 IP 形象结合，增加内容展示和内容互动的趣味性。

2. 媒体矩阵精准触达，提升客户对品牌项目的认知

（1）线上直播。

百度营销中心、决胜网等 5 个媒体平台共同开设直播入口，实现线下会议与线上会场结合，直播观众峰值达到 3800 人。

（2）精准招募。

从百度官方发声到主流活动发布平台，再到精准垂直媒体和社群，11 个媒体渠道筛选择优，精准招募。

（3）媒体推介。

9 家 PR（公关）资源通过图文、音视频、互动等形式，充分传播活动内容。

3. 内容逻辑和设计精准，帮助企业提升品牌意识

百度北京分公司全新品牌项目以趋势切入、用方案说服，凭借其强大的产品力让品牌更加深入人心。

1. 企业参与踊跃，营销转化强拉动

通过定向邀约和社会公开报名，本次活动的来宾到场率达 106%，高于预期；通过活动对企业进行招商，招商金额超过 200 万元；会后促进企业针对百度品牌类产品续费增值超过 5000 万元。

2. 企业高度认可，获得全方位品牌感知

该营销项目总计联动 11 家合作媒体、9 家 PR 资源、5 个直播入口，组建了媒体传播矩阵；通过会前预热、现场直播、会后报道等形式，搭建了全面的线上营销场景，全方位提升了品牌感知。百度对参会企业的会后调研数据表明，从品牌感知到内容建设，企业整体满意度均超过 99%。

在用户群体年轻化和地域下沉趋势日益明显的今天，一方面，用户的品牌价值认同感不断提升；另一方面，企业流量焦虑问题日益显著。在此背景下，企业应如何深度理解和服务用户？如何提升用户黏性？如何拉近与客户的距离？

百度一直深耕 AI 技术，早已成为国内 AI 领域的佼佼者，“度熊品牌营销节”更是百度 AI 开启智能营销新篇章的重要里程碑。此项目通过沉浸式的体验场景，助力企业全面理解百度最前沿的品牌营销理念，打开企业营销新思路，打破企业营销困局，更好地为企业品牌赋能。精准、高效、智慧的 AI 技术无疑是企业和品牌的未来出路。

“赖茅”借助羽毛球 IP 搭建消费者沟通桥梁

获奖单位：贵州赖茅酒业有限公司、广州天演广告有限公司

产品及品牌

贵州赖茅酒业有限公司由贵州茅台酒股份有限公司与中石化易捷销售有限公司强强联合组建。赖茅酒业拥有茅台集团强大的品牌实力和白酒生产、运作能力，也拥有中石化易捷销售有限公司布局全国的强大渠道和推广网络。

“赖茅”酒是茅台集团重点扶持和培育的全国性战略品牌之一，更是茅台集团“大酱香”战略的先行者。

营销背景

“赖茅”在营销中面临两大问题：一是白酒消费人群固定，白酒行业竞品多；二是茅台集团对“赖茅”提出了“非均衡型发展”的要求。在此背景下，“赖茅”需要找到自己的优势所在，在中年、中产、男性的目标消费人群范围内抓住一个特定的圈层，营造差异化的品牌形象，整合优质、高效的品牌资源，提升品牌文化定位。

营销创意

2019 年，世界羽联主席拉尔森在接受采访时表示，全世界羽毛球爱好者平均年龄超过 40 岁，且以男性为主。这与“赖茅”的消费人群相契合。羽毛球运动响应了“增强人民体质、强化体育精神”的国家号召，符合“赖茅”作为民族品牌担当的形象载体。此外，白酒行业中没有其他品牌针对羽毛球这一运动获取顶级资源，因而羽毛球成了“赖茅”此次营销项目的关键突破口。

1. 获取 IP:“赖茅”获得世界羽联官方合作伙伴身份

“赖茅”牢牢抓住了世界羽联这一 IP，并于 2018 年 12 月正式成为世界羽联官方合作伙伴。

2. 利用 IP: 借助顶级资源，搭建与核心消费者之间的沟通桥梁

“苏迪曼杯”是 2019 年唯一一个落户中国的羽毛球顶级赛事，也是世界羽联系列赛当中最能突出国家整体形象的赛事，可以全面评测和全面展示每个参赛国的羽毛球运动发展总体水平。“赖茅”充分利用了这次“苏迪曼杯”的赛事契机，发挥顶级 IP 的力量。

（1）目标消费人群：高校校友会羽毛球爱好者。

中国高校校友羽毛球爱好者非常符合“赖茅”消费人群特点，具体来说，他们具有以下特征：

- 家国情怀。高校校友大部分是中年中产人群，在国家崛起的同时，他们多通过个人奋斗，在社会和个人事业上有了一定建树。这决定了他们对国家、对“中国梦”都有着强烈的共鸣。
- 母校情结。高校校友人群主要通过校友会召集而来，有着深深的母校情结，与校友之间具有高关联度和高黏合性。

“中年”“中产”“母校情”“中国心”，既是高校校友这一圈层的主要特点，也是这一圈层与“苏迪曼杯”的结合点。

（2）具体执行策略：针对高校校友会羽毛球爱好者举办羽毛球赛事。

“赖茅”把每一名参赛的校友都和中国羽毛球力量进行强关联，每一个人都是

中国羽毛球力量的代表，“赖茅”所做的就是通过热身赛事充分展现每个个体存在的意义。“我”，即每一位活动参与者，“我”的每一次挥拍、每一场比赛，都在为“苏迪曼杯”热身、暖场、助威。

- 团体赛。比赛采用与“苏迪曼杯”相似的团体赛赛制，既能激发校友的母校情结，又能将比赛与“苏迪曼杯”紧密相连。
- H5 拉票。预热期采用 H5 拉票，撬动场外校友积极参与，点燃他们为母校投票的热情，让每个人都能以不同的形式参与到赛事当中。
- 校友晚宴。赛后晚宴按学校分桌，增强校友间的黏性，推高晚宴的热度。
- 同场奋斗。“赖茅杯”总决赛选择在“苏迪曼杯”的举办地南宁举行，点燃校友与中国队“同场奋斗”的激情，进一步将“赖茅杯”与“苏迪曼杯”紧密关联。
- 现场助威。“赖茅”组织“赖茅助威团”现场观看“苏迪曼杯”决赛，切身感受羽毛球激情，为中国队加油助威。
- 制作“为国羽健儿打 call”H5。H5 内容与赛事主题强烈关联，将羽毛球激情与爱国情怀从场内延伸到场外，从选手延伸到大众，提升大众参与度，充分体现凝聚力。

（1）今日头条阅读量达 12.4 万次，搜狐客户端阅读量达 10.3 万次，凤凰客户端阅读量超过 11.2 万次。

（2）拉票 H5 总计投票时间为 15 天，访问量高达 211 871 次，吸引 244 023 名用户进行投票，投票人数约为参赛人数的 100 倍，投票总数达到 254 333 次。

（3）“为国羽健儿打 call”H5 总访问次数达到 164 985 次，总访问人数达到 96 382 人，约 10% 的用户进行转发；“打 call”共计开启 30 次，平均每局在 5 分钟内“打 call”2960 次。

在国家力推《“健康中国2030”规划纲要》、把“全民健身”上升为国家战略的大背景下，我国参加体育锻炼的人数已达5亿人之多，体育营销也成为众多品牌开展营销的热门之选。“赖茅”结合自身品牌和产品特点，找准了羽毛球运动这一关键突破口，在其他竞争品牌尚未发现世界羽联这一顶级IP资源之前抢夺先机，最终一鸣惊人。

白酒和羽毛球、“赖茅”和世界羽联，看似是毫无联系的事物，但在品牌竞争日益激烈化的时代，跨界IP营销早已不是什么新奇的事情。正如各大媒体评价此次营销时所提到的，“赖茅”可谓找到了“桥”、找准了“人”、找对了“弦”——以羽毛球为桥梁，以高校校友为目标消费人群，以“苏迪曼杯”为契机，实现了品牌、产品和目标消费者的深层次共鸣，成功获得了行业认可。

单项奖·杰出内容营销奖

2019 年开学季 # 为梦想开学 # 品牌策划

获奖单位：山东世纪开元电子商务集团有限公司

世纪开元位于山东省济南市，是业内领先的“互联网 + 印刷”企业，以 C2B（消费者对企业）和 S2B2C（大渠道商对渠道商对顾客）模式为主导。围绕“让天下没有难印的东西”这一使命，世纪开元借助其印刷产业互联网平台，打通线上、线下渠道，形成以 PC 端、移动端、实体店为一体的全渠道服务网络。截至 2019 年 6 月，世纪开元已服务超 500 万中小微企业用户和 1500 万个人用户。

每年毕业季都是世纪开元业务量激增之时。借势开学季热点，世纪开元洞察到人人皆有梦想，开学季不只是学生们的节日，也是心中有梦想的大众的开学季，故而以 # 为梦想开学 # 为主题，重新定义了传统意义上的开学季，赋予其新的全民性意义。

1. 印刷市场规模庞大

未来 5 年，我国印刷市场年均复合增长率预计约为 6.27%，线上印刷增长率将超过 60%。到 2021 年，我国印刷市场规模可达 1.54 万亿元，印刷企业达 10.2 万家，图文店达 30 万家，印刷电商线上占比约 3%。

2. 印刷行业缺乏知名品牌

每天有 2800 万淘宝用户关注印刷定制化，印刷产品在淘宝上每年约有 700 亿元定制商品成交额，但行业内还没有出现消费者叫得上名字的知名品牌。

3. 印刷行业与消费者具有天然距离

面对影像类印刷需求，消费者依旧局限于线下实体店或线上某一家便宜的淘宝店，整体品牌意识淡薄。

（1）建立世纪开元与影像产品 / 印刷的强关联认知。

（2）深化世纪开元品牌的特色认知。

（3）快速抢占学生等群体市场，促进世纪开元品牌曝光及产品销量增长。

（4）激发世纪开元产品使用及业务增长。

（1）学生。他们是开学季的主流人群，也是未来具有持续消费潜力的群体；以“00后”为主力，兴趣关键词为“新鲜”“有趣”“国货”“高颜值”。

（2）老师。老师是开学季舆论及方向引导的高影响力人群，有较高的素养和鉴赏能力，可合作空间大。

（3）家长。家长是开学季被动影响人群，女性家长普遍热爱旅游、喜欢拍照，具有一定的社交圈层，带货能力较强。

（4）其他。其他涉及开学季被动影响的人群或间接环节参与者也具有小微客户特点，发掘潜力巨大。

1. 制作《为梦想开学》短视频

世纪开元制作了《为梦想开学》短视频，诠释了“印刷一万次，就有一万次美好发生”的温暖宣言。

2. 与高校、“大 V”互动，推出联合海报，打造 # 为梦想开学 # 话题

（1）青年版海报。

不同样式的青年版海报直触青年人的内心，鼓励他们去探索、去追逐、去超越。

（2）创业版海报。

创业版海报传递“生活很苦，但有梦想很酷”的理念，鼓励目标人群“为梦想开学”。

3. 推广渠道

- 特色海报 / 图文：包括场景类特色主题海报、Banner（横幅）、图文等。
- 超级话题：包括店铺、微博、抖音、小红书等超级话题热搜榜。
- 趣味短视频：包括抖音、快手、店铺等场景化、趣味短视频。
- 场景化营销：包括超级线下体验店、新零售、文创店场景化营销。

1. 各平台营销效果

（1）微博：世纪开元官微发布微博，为 # 为梦想开学 # 话题造势，话题总阅读量近 6000 万次，单条微博最高阅读量近 100 万次，微博话题主动讨论量近 500 条。

（2）天猫 Top1 店铺 / 线下新零售：天猫 Top1 类目营销店铺、益好旗舰店、世纪开元旗舰店等店铺微淘活动跟进；线下新零售体验店同步进行。

（3）抖音、B 站、优酷等视频平台：抖音短视频跟进搭配腾讯、优酷、B 站传播，广告片上线搭配素材剪辑。抖音单条短视频点赞量超过 1000 次、评论量近 100 条。

（4）百度等门户网站稿件宣发：各种类型的稿件解读发布，今日头条号、搜狐号等自有媒体发布，百度收录推广造势。世纪开元在主流门户网站、国搜、文化视界等平台综合发布稿件 100 多篇，综合品牌及内容营销曝光量超过 100 万次。

2. 综合营销效果

世纪开元本次开学季内容营销，主要集中在微博、微信、抖音、门户网站、天猫店铺、线下新零售店等渠道，集中力量进行新媒体传播、玩转话题，其中微博话题阅读量超过 6000 万次，抖音点赞量超过 1000 次，百度新闻稿件收录 30 多篇，综合曝光稿件及在各大门户网站发布稿件 100 多篇。

开学季内容营销策划之后，世纪开元品牌获得了同行、广告界、传媒界 KOL、数英网、4A 营销圈等主动点赞，极大地提升了“世纪开元”的品牌力并为其社会公信力背书，让印刷行业获得了优质的品牌曝光和露出机会。世纪开元开学季内容营销策划第一次让印刷品牌如此亲民，使其不再遥远、冰冷，进而让消费者第一次深刻认识了印刷品牌。

印刷行业在大众眼里一向是陌生的、无趣的、冰冷的，然而事实恰好相反。从人们的结婚相册、宝宝照片到饭店菜单、购物手提袋，从公司宣传册、街头传单到奶茶杯等，印刷与人们的生活息息相关。

世纪开元本次策划进行了一次大胆的内容营销探索，让印刷品牌第一次在开学季热潮中占据一席之地，为印刷品牌发声，拉近了大众与印刷行业的距离。就开学季而言，大部分人将其视为学生群体的“悲欢离合”，学生们的消费需求也使开学季成了众多品牌的黄金营销节点。世纪开元打破常规，唤醒初心，将开学季视为全民梦想季，为逐梦的人们点赞和欢呼，记录生活的美好和逐梦的风景。当开学季成为梦想季时，世纪开元的品牌温度得到不断提高，消费者的认可与归属感也不断增强。作为“第一个吃螃蟹的人”，世纪开元打造了印刷行业内创造性的品牌内容营销典型案例。

老瓶装新醋——易水湖诠释何为高端的接地气

获奖单位：隆基泰和文商旅集团易水湖旅游度假区

项目简介

易水湖旅游度假区在2019年暑期开展了“清凉一夏 · 易水乐游季”活动。其中,7月携手中央电视台《魅力中国行》组委会举办了儿童才艺大赛（以下简称“才艺大赛”),8月联手驴妈妈旅游网举办了易水湖首届泼水节（以下简称“泼水节”)。两场活动完成了对易水湖旅游度假区的品牌提升，使其在赢得良好口碑的同时，顺利拉动了景区客流与营业收入，加强了与票务代理商的合作关系。

营销策略

1. 项目前期推广

泼水节活动前夕，以海报体形式刷屏朋友圈，紧抓当代人在强烈工作、生活压力之下，内心深处对轻松、自在生活的向往，唤醒大众内心的童真、童趣。采用短视频形式，于抖音、微信、微博等平台进行前期宣传，增强目标人群关注度；通过泼水节“生活不易、工作不易、越泼越容易”口号的传播，将焦虑的城市生活和山水诗意进行反差强烈的对比，从而吸引游客。

2. 推广点面结合，深挖活动差异

易水湖旅游度假区于举办泼水节之前，在北京、天津、石家庄等重要散客市场进行了为期半个月的密集广告投放，充分挖掘京津冀庞大散客市场的消费潜力，并要求全国各地的旅行社代理商进行同步活动前宣；集中突击消费能力强且市场庞大的地区，对其他地区采用遍地撒网战略，以点面结合的方式撬动整个市场。在推广宣传时，易水湖旅游度假区将船上泼水节作为宣传核心点，区别于其他景区推出的泼水节，对活动招募起到了良好的推动作用；同时借势“草莓音乐节”，将音乐节艺人、模特邀请至现场；增设小型网红项目，向年轻群体发出邀请，使易水湖客源市场开启了由老龄化向均衡化的过渡，泼水节的顺利举办正是此次转变的开始和催化剂。

3. 迎合消费者需求，注重活动品质

才艺大赛举办前，易水湖旅游度假区从父母对儿女“望子成龙、望女成凤”的期许出发，给青少年打造了一个展现自我的平台，将荣誉证书作为吸引家长的有力“武器”释放至市场。活动招募期的火爆也证实了易水湖旅游度假区最初的预期。中央电视台《魅力中国行》栏目组的官方背书保障了景区在招募时比其他同类型比赛更能得到游客的青睐。景区的特殊性也让易水湖旅游度假区能够以比赛结束后可游山观水的优势向市场发出有力召唤。尽管报名费比其他才艺大赛要高，但是在活动中包含景区游览这一项目，是其他比赛难以做到的。

举办泼水节旨在于炎炎夏日为游客提供一个可避暑、能休憩、多娱乐的景区目的地，让易水湖旅游度假区变得更加亲水。为了把泼水节变得与众不同，易水湖旅游度假区从场地到环节、从音乐烘托到水枪采购都做了严格审查。

4. 严格考量市场潜力和景区承受力，联合周边竞品合作共生

活动拟定之初，易水湖旅游度假区便把目标指向了北京、天津、石家庄等拥有庞大散客市场的区域。活动的成功举办表明，只有拥有强大消费能力和庞大散客市场的地区，才是真正值得撬动和深挖的市场。

易水湖旅游度假区临近红色圣地狼牙山、世界遗产清西陵、老牌 5A 级旅游景区野三坡，这种特殊的地理位置让度假区经营管理方时刻怀有一种紧迫感。得益于易水湖 27 平方千米的广阔水域面积，易水湖旅游度假区能够在差异中求生存，与

周边景区实现合作共赢。客群共享、差异互补也成了区域内的共识，一个庞大的区域联盟正在逐渐形成。

1. 同比客流量提高 40% 以上，助力景区实现利润增长

“清凉一夏 · 易水乐游季”的两场活动均助力易水湖旅游度假区当月实现利润增长，在整体市场欠佳的情况下，取得了逆流而上的效果。每场活动参与人数均突破千人，与 2018 年同期相比，客流量提高 40% 以上，活动引流提升收入比 2018 年同期提高约 60%，活动收入远超活动成本及推广成本。两场活动的成功举办也使得易水湖旅游度假区再次在市场上发出自己的声音。

2. 活动整体曝光量达到 600 万次以上，主流媒体争相报道

“清凉一夏 · 易水乐游季”活动整体曝光量达到 600 万次以上，网易、腾讯、今日头条、《中国青年报》等媒介争相报道。同时，两场活动均与景区代理商进行合作，加深了双方合作关系，拓展了双方合作领域，真正做到了共赢、互惠、互利；易水湖旅游度假区也借代理商之手，正式与中央电视台等大型媒体合作，让易水湖开启了自己的成名之路。

3. 树立新的易水湖品牌形象，积攒忠诚客户群体

泼水节的成功举办不仅开启了易水湖旅游度假区客源结构的优化之路，而且树立了新的易水湖品牌形象，将“有山能游山、有水能亲水”的概念投射到游客心中，为下一届泼水节的举办积攒了一批忠诚的客户群体。泼水节活动具有可持续性和可重复性的优势，这让易水湖旅游度假区首次拥有了一个可传承的品牌活动。在同行业高唱“轻落地、重传播”的时代，易水湖旅游度假区发出了“重落地、重传播”的声音。

案例总结

以往谈起易水湖旅游度假区，人们马上想到的无非就是泛舟戏水、放钩垂钓、乘船观景，与其他湖类景区没有什么差别。对于不少年轻人来说，在炎炎夏日游山玩水不如在空调房里吃一块西瓜来得痛快。因此，湖类旅游度假区的玩法创新迫在眉睫。

在市场短期低迷的情况下，同行业都在高唱“轻落地、重传播”，但易水湖旅游度假区“重传播”，更“重落地”。此次易水湖旅游度假区举办的泼水节在已有活动的基础上，从内容到形式都进行了丰富与创新，如将泼水节场地移至大型工程船，通过增设水炮等全新活动内容吸引游客。活动的普适性强，具有“易传播、易扩散”的营销特点。泼水节活动的举办代表着易水湖旅游度假区对旧有活动形式“取其精华，去其糟粕”的成功创新。

如何打造夏季避暑旅游标杆？易水湖旅游度假区用极具本土特色及现代金属特色的活动氛围给游客带来了非凡的乐趣，打破了既往游客对易水湖的刻板印象，增强了对年轻消费者的吸引力，为广大受众带来了一份“超嗨、超爽、超清凉”的夏天记忆。

携手《长安十二时辰》，Meco 果汁茶示范新派茶饮的年轻化营销之道

获奖单位：优酷

项目简介

作为优酷 2019 年暑期的流量古装悬疑大剧，《长安十二时辰》改编自马伯庸同名小说，凭流量明星和悬疑剧情吸引了万千年轻人的关注。《长安十二时辰》用户群体和 Meco 果汁茶的目标受众——广大年轻人完美契合。在这一背景下，Meco 果汁茶与《长安十二时辰》剧集联手，利用其大平台、大 IP、多用户、传播广的特性，通过超级角标、创意中插、明星头条等多元广告形式组合，将“新派茶饮，Meco 果汁茶，真茶真果汁”的品牌信息迅速传达给消费者。Meco 果汁茶成了 2019 年夏天最受年轻群体喜爱的饮品之一。

营销背景

《长安十二时辰》是 2019 年暑期爆红网剧，演员阵容既有年轻偶像，又有颇具观众缘的实力派演员，实现了口碑和流量“双丰收”。该剧将故事嵌入当时的世界中心——大唐都城长安，向观众展现了一个真正的古代盛世，用“真”俘获了观众的心灵。Meco 果汁茶的品牌特性为“真茶真果汁”，这与《长安十二时辰》真实的服装造型、真诚的演员演绎、真挚的拍摄态度不谋而合。此前已与《极限挑

战》《演员请就位》《这！就是街舞》《青春的花路》等综艺节目合作的 Meco 果汁茶，自然也不会放过此次营销契机。Meco 果汁茶联手《长安十二时辰》，将产品核心卖点植入优质剧情，以期实现“借船出海”。

1. 超级角标

Meco 果汁茶以不同形式在《长安十二时辰》中插入超级角标，随剧集获得了高曝光量。

2. 创意中插

创意中插是近年来颇受品牌青睐的一种广告形式，《长安十二时辰》为 Meco 果汁茶拍摄了两支广告。

一支由剧中“长安第一千金 ”王韫秀出演。这位大小姐想要带到元宵灯会上的小桔、小桃和小柠，正是 Meco 果汁茶的 3 款产品。

另一支则由剧中“长安最强大脑”徐宾演绎。徐主事拿着放大镜鉴宝，发现都是赝品，直到看见 Meco 果汁茶，才发出了“真茶真果汁”的感叹。

两支广告通过与剧情融合，自然地打动了用户，同时清晰地传递了品牌诉求。

3. 明星头条

明星头条由剧中主演出演，位于正片播放前第一位序，凭借明星效应 + 头条位置深受品牌青睐。

在剧中檀棋的扮演者为 Meco 果汁茶拍摄的这支广告中，她通过口播，在让品牌实现强势曝光的同时吸引了目标用户。

《长安十二时辰》豆瓣评分高达 8.8，为 2019 年爆款剧之一，这些超级角标、创意中插、明星头条自然也能成功吸引观众的注意力。在一次次触达中，Meco 果

汁茶成功“抢戏”爆款 IP，让品牌成了“长安粉”潜意识中青睐的饮品。

年轻一代消费者的影响力正在深入各个行业，其消费理念也在影响着整个市场。各品牌纷纷开启年轻化战略，试图“攻占”年轻消费者的心智。然而，年轻一代的喜好总是极为“任性”，他们变幻莫测的消费需求也在不断击退那些思路凝滞、行动迟缓的品牌。

作为自成一派的“新派茶饮”，毫无疑问，Meco 果汁茶的目标用户是广大年轻人。在这个“无娱乐、不营销”的时代，Meco 果汁茶凭借敏锐的商业嗅觉，通过与火爆网剧《长安十二时辰》的合作出现在新一代消费者视野中。Meco 果汁茶的品牌特性为“真茶真果汁”，《长安十二时辰》无论是拍摄过程还是剧情质量，处处流露出真情实感，二者不谋而合。在品牌基调一致的情况下，Meco 果汁茶用“大流量 + 精准受众”的高契合度场景化软性植入，采用超级广角、创意中插、明星头条等多种植入形式进行用户导流，大大提高了广告转化率。而各种花式互动也使 Meco 果汁茶收获了一批又一批年轻粉丝。

未来，品牌的年轻化营销也许需要向 Meco 果汁茶学习。年轻化营销不应该过于注重渠道化和工具化，而应该如同 Meco 果汁茶那般，找准与年轻消费者的情感连接点，用“真”走进消费者内心，与消费者成为“密友”。

一汽马自达粉丝营销项目

获奖单位：一汽马自达

营销背景

众所周知，中国汽车市场已进入存量竞争时代。综观汽车领域的消费主体，“90后”“95后”日渐成为“主力军”，他们年轻、自我、需求多元，在消费习惯上，与追求性价比的“70后”“80后”群体相比表现出更多的差异性及不确定性。他们不盲从、不跟风，更加注重品质与体验，对情感价值的需求远高于功能价值。

作为一个规模渐增且广受关注的品牌，一汽马自达稳步发展，通过独创的技术和设计，塑造了独树一帜的品牌形象，更打造出了“双明星”产品，成绩斐然。

营销策略

在上述背景下，一汽马自达走出了一条“以用户为导向，以情感为纽带”的属于自己的价值营销之路，建立了与粉丝群体的个性及价值观念无缝衔接的品牌理念——“走自己的路”；同时，通过主观搭建的一系列事件、活动，让粉丝成为品牌建设历程中的一分子，也为品牌零距离靠近用户创造机会。

为更好地了解用户需求、发掘粉丝爱好，一汽马自达围绕用户兴趣展开沟通，通过摄影、旅行、音乐、运动四大圈层，借助社会化平台，开展粉丝达人养成计划，打造 IP 项目和明星栏目，并融入产品和服务体验，使品牌与粉丝之间达成情感连接，实现价值共赢。

1. 兴趣圈层打造

（1）摄影圈层——摄影师扶植计划。

2018—2019 年，一汽马自达与视觉中国 500px 摄影社区展开深度合作，持续打造特色内容及活动，挖掘用户，积累作品，形成具有一汽马自达特色的摄影圈层文化。

线上 IP 活动“寻访最美风景”摄影大赛连续举办 2 年，共吸引近 3 万名用户参赛，积累约 16 万幅作品，挖掘粉丝摄影师 20 余名，成为 500px 摄影平台最具吸引力的赛事之一。2019 年，该赛事更是取得破亿次曝光量、近 7300 万次点击量的成绩。

一汽马自达线下联合 500px 摄影社区地方部落，开展摄影培训活动，邀请行业内知名“大咖”到场，全国百家经销商与粉丝共同参与，实现了集客到店的创新合作模式。

（2）旅行圈层——实现梦想的天际之旅。

2019 年 8 月，一汽马自达联合天仪研究院为粉丝打造了一场“实现梦想的天际之旅”。

一汽马自达借势太空热点，从解决用户痛点出发，汇集粉丝梦想，传递青年人进取向上的价值观；以“Flag 别倒”为话题，在微博等多个平台上展开讨论，吸引人民网、《郑州晚报》等多家媒体转发，行业、情感、生活类微博大号参与讨论，话题发布仅 30 小时即获得微博生活记录榜第 1 名的亮眼成绩，将圈内热点发酵成了全民关注的营销事件；召集粉丝亲临卫星发射现场，通过独特仪式感打造，完成精神的碰撞与共鸣。

湖南都市频道、《人民日报》、今日头条等主流媒体以“心怀梦想”为主题进行了后续报道。活动总曝光量超 3.1 亿次，互动量超 784 万人次，成为 2019 年下半年营销亮点事件之一。

（3）音乐圈层—— 轰动“京圈”的潮音打造。

如果说追求潮流是年轻人的共识，那么嘻哈音乐无疑是最具态度的时尚表达载体之一。2019 年 12 月，一汽马自达邀请说唱音乐人派克特为其全新 MAZDA CX-4 定制潮流嘻哈单曲《走自己的路》，品牌态度通过歌曲表达，获得了用户、音乐人、媒体的一致好评。

潮流单曲上线一周，累计播放量超 230 万次，付费下载量超 1 万次，登顶国内权威音乐榜单并蝉联榜首，被评为“2019 年不得不听的嘻哈励志金曲 NO.1”。2019 年 12 月 12 日，一汽马自达邀请圈内知名说唱艺人王以太，共赴全新 MAZDA CX-4 潮音现场秀（LIVE SHOW），吸引圈内音乐人、时尚达人、媒体到场支持。一汽马自达通过当下年轻人追逐的潮流形式传递品牌形象和拥车生活体验，成就了轰动“京圈”的音乐事件。事件总曝光量达 8584 万次，互动量超 215 万人次。

2. 社会化平台建设

（1）打造专属文化资产 IP 专栏——《这李有料》。

为锐化品牌的社会化形象，增强粉丝黏性，增强“网红”特质，一汽马自达打造了专属文化资产 IP 专栏——《这李有料》。

该专栏结合品牌用户的兴趣和猎奇心理，以长图文、视频等轻松的表现形式普及一汽马自达旗下产品及科技性，增强车主自豪感，吸引潜在客户关注。数据显示，此专栏 2019 年全年收获 97.6 万次阅读量、2.2 万人次互动量，平均阅读量达 1.76 万次，平均互动量达 839 人次，相比日常内容，阅读量提升 60%，互动量提升 179.7%，收获粉丝的一众好评。

基于此，为了让用户从更多角度了解品牌、产品与科技含量，促进潜客转化，一汽马自达进一步推出了《TA 说》专栏，通过汽车媒体 KOL 等专业点评打造传播窗口，树立可信、可用、专业化的技术形象。该栏目同样表现颇佳，2019 年全年收获阅读量 39.9 万次、互动量超过 1 万人次。

（2）稳踞全新流量“风口”——短视频。

在自媒体无限深入的 4G 尾声时代，短视频作为全新流量“风口”已然表现出强劲势头。2019 年年初，短视频成为众多用户青睐的社交方式，用户数量持续呈爆发式增长，抖音平台成为“兵家必争之地”。

一汽马自达瞄准年轻群体市场，顺势而为，围绕用户建立了“黄金三角法则”方法论，行业内首个情感 IP 栏目《深夜专车》上线。该栏目借势明星影响力迅速扩大传播开口，为后续日常版蓄力，打造了多个爆款项目。同时，企业高管亲自“现身”一汽马自达官方抖音账号，真正做到品牌和用户的直接沟通，传递企业初心，增强品牌信用力，为大众展现了一个有温度、有态度、有坚持的品牌形象，获得了用户的好评，权威媒体对此进行了深度传播。同时，功能性 IP 栏目《马 Sir Vlog》也让更多粉丝和一汽马自达一起感受了潮奢生活方式。

一汽马自达抖音账号成长速度极快，运营 9 个月内发布 119 支视频，在汽车领域持续领先，成绩骄人；以 77 万粉丝量位居车企第 2 位，粉丝增长率排名第 1 位；视频点赞量飙升至 916.7 万次，稳居车企第 1 位。

同时，一汽马自达抖音账号在运营方面的不俗表现也受到了多方认可，成为全行业内仅次于宝马、第 2 个入驻《抖音企业蓝 V 白皮书》的品牌账号，持续蝉联“卡思车企蓝 V 榜”第 1 名，并获得 100 多家权威媒体的联合报道，行业影响力持续扩大。

（3）官方粉丝平台马粉联盟——有品质 + 有温度的粉丝社群。

作为一汽马自达粉丝聚集地，马粉联盟是以旅行、摄影、音乐、运动为兴趣的交流社区和学习平台，旨在为粉丝营造多元化的拥车生活。该平台通过兴趣圈层聚合粉丝，为粉丝提供交流互动的机会，强化用户对圈层文化的理解与认同，帮助其在各自兴趣领域内成长与突破。同时，该平台配合完善的用户荣誉体系，以及多样化的内容与活动，进一步为粉丝提供切实的福利，提升粉丝的依赖感与幸福感。

马粉联盟以官方内容运营为核心带动人气，通过官方发布持续性内容引导用户自产出；同时，马粉联盟作为内容承载平台，将品牌资产以多种形式沉淀下来，打造具有一汽马自达特色的文化属地。通过多样化的运营手段，一汽马自达马粉联盟注册用户年增加近 1.7 万人。

3. 生活方式打造

（1）热点话题开启解压之旅。

粉丝经济热度持续升温，是近几年社会的热点现象之一。一汽马自达将粉丝营销与粉丝生活方式紧密结合，关注与当代年轻人相关的社会问题，从情感角度打造了一个引发年轻人共鸣的事件——压力假。

2019 年，“996”话题热度在各大社交网络居高不下，年轻人的生活状况被广泛关注。工作时间长、经济负担重等让年轻人不敢放松自我、无法释放压力。围绕这一痛点，一汽马自达借势打造了话题 # 压力假 #，通过 4 天免费解压之旅、6 条专属可选路线、2.5 万元的周薪帮助年轻人释放压力。

在此方案中，一汽马自达设定了对抗这一话题的“别人家公司”的“压力假放假通知”和海报，一经发布，便引发了无数网友的转发及参与，引爆了关注热潮。一汽马自达通过微博、微信 H5 秀出福利，号召用户积极参与，并最终选出“锦鲤”用户，全程进行 VLOG 传播，开启解压之旅。

这一营销事件创造了微博话题总阅读量 1.6 亿次、互动量超 11 万人次的成绩；登上微博热搜榜第 46 位，持续占据分榜第 2 位；H5 浏览量超 140 万次，报名人数超 1000 人；一汽马自达百度指数最高达到 67 811。

此次“压力假”营销事件基于对年轻人及热度话题的精准洞察、及时跟踪，为一汽马自达粉丝及全社会年轻人找到了一个情绪舒压口，在提升他们对品牌的关注度与好感度的同时，树立了有态度、有社会责任感的品牌形象。

（2）潮奢是态度。

潮奢逐渐成为年轻人消费和文化的关键词，网红带货从包袋、服装到护肤、家电无孔不入。追逐潮流是年轻人的日常，汽车当然也不例外。一汽马自达出于对市场和社会的潜心研究和人群的深度理解，捕捉到了这一不可阻挡的趋势，通过开辟汽车领域营销新玩法，带动品牌向上，提升用户关注度，力争打造汽车行业第一潮奢品牌。

一汽马自达与知名精品生活方式平台寺库建立了全面战略合作伙伴关系，双方在数据打通、电商对接、线下联动 3 个层面进行深度合作，打造“全球潮奢嘉年华”，为粉丝提供全方位的“潮奢”产品体验。

在这场“全球潮奢嘉年华”关键的第一阶段，《潮奢生活白皮书》发布，六大类、49 家媒体进行了报道解读，为一汽马自达的潮奢地位增添了更多权威性，同时体现了一汽马自达对内容专业化的追求，以及对自身市场潮奢定位的自信和专业度。

“全球潮奢嘉年华”还出品了吊足年轻人胃口的限量版“周边”产品，邀请法国知名潮流奢侈品独立设计师跨界操刀设计“潮 T”。不同于以往品牌营销的“自嗨”，一汽马自达真正为用户提供更多潮奢福利与体验，精选了符合全新一代阿特兹特质的潮奢品牌和产品，创造了“国内首届潮奢电商节”，并以优惠券、联名 T 恤、Top Buyer（时尚电商平台）专属礼、寺库季卡会员等福利成功将权益贯通，在提升用户体验及品牌好感度的同时，有效地将流量转化为线索，带动年轻人到店消费。一汽马自达此举迈出了汽车潮奢电商营销的第一步——也是里程碑式的一步，“潮奢电商节”成为年轻人中的标志性购物大狂欢。

一汽马自达通过打造一场充满未来感的潮奢派对，以沉浸式策划让潮奢体验实现线上线下联动，30余家权威时尚媒体与23家时尚品牌代表到场狂欢、燃爆潮界，实现由个人到小众，由圈层到国际的逐步扩散，稳固了它的潮奢代表地位。

这场营销盛宴通过“高端合作定调性、创新思维博关注、圈层跨界赢流量”，一步步精准有效布局，让一汽马自达赢得了全新高光时刻，成为定义潮奢生活的标杆，为汽车品牌跨界合作、打造潮奢文化建立了一座“风向标”，更为粉丝带来一种潮奢生活的新选择。

为了让更多粉丝享受潮奢的拥车生活，一汽马自达借助时尚潮流界圈层扩散之力，联手国内知名时尚媒体《男人装》，邀请潮流明星进行合作，拍摄宣传潮奢视频大片，借助线上时尚圈层矩阵媒体进行扩散传播。与此同时，线下明星产品同框大片首登《男人装》杂志封面及内页，杂志在全国铺货发行，实现了线上线下联动强曝光。此次营销活动最终累计曝光量超3.4亿次，点击量超30万次。一汽马自达借此向用户传达了其不仅愿为消费者提供一个车随意动、潮流质感的座驾伴侣，而且想为他们提供一种前卫时尚、个性自我、质感精致的生活方式，并在未来陪伴更多不甘平庸的年轻人勇敢做自己，去探索更灿烂的人生。

4. 粉丝福利专享

在一汽马自达全新MAZDA CX-4上市之时，用户只要注册马粉联盟，即可专享购车优惠，获得粉丝专属福利回馈。

2019年，一汽马自达粉丝营销各事件总曝光量突破12亿次，并多次获得主流媒体的热议，引发行业内及社会的广泛关注，也在粉丝中揽获了巨大的口碑声量。线上IP活动“寻访最美风景”摄影大赛，两年共吸引近3万用户参赛，积累约16

万幅作品，挖掘粉丝摄影师 20 余名。2019 年，摄影大赛更是取得了破亿次曝光量、近 7300 万次点击量的成绩。

“心怀梦想”主题报道总曝光量超 3.1 亿次，互动量超 784 万人次。《这李有料》专栏 2019 年全年收获 97.6 万次阅读量、2.2 万人次互动量，平均阅读量达 1.76 万次、互动量达 839 人次，相比日常内容，阅读量提升 60%，互动量提升 179.7%。《TA说》专栏全年收获阅读量达 39.9 万次，互动量超过 1 万人次。

一汽马自达抖音账号成长速度极快，运营 9 个月内发布 119 支视频，以 77 万粉丝量位居车企第 2 名，粉丝增长率排名第 1 位；视频点赞量飙升至 916.7 万次，稳居车企第 1 名。一汽马自达马粉联盟注册用户年增加近 1.7 万人。# 压力假 # 微博话题创造了总阅读量 1.6 亿次、互动量超 11 万人次的成绩；该话题登上微博热搜榜第 46 位，持续占据分榜第 2 位;H5 浏览量超 140 万次，报名人数超 1000 人；一汽马自达百度指数最高达到 67 811。

在中国汽车市场日趋饱和之际，一汽马自达立足粉丝效应，坚持价值营销，经过坚持不懈的粉丝运营，实现了利益相关者之间的良性沟通。品牌商打破了传统玩法和营销思维的禁锢，通过一系列个性 IP 的打造，以及 UGC（用户生产内容）、BGC（专业生产内容）、PGC（职业生产内容）多维度的内容运营，将更多粉丝以全新玩法与渠道汇集在一起，建立了丰富、有效的媒体矩阵平台，为用户提供了理性和感性双重价值。

单项奖·杰出技术创新奖

荣威 i5 × OPPO × 一点资讯：高能译真心

获奖单位：上汽荣威

项目背景与洞察

中国“独生代”的“80 后”“90 后”已经步入社会，繁忙的工作与应酬使他们与家人在一起的时间越来越少，而东方内敛的文化氛围也减少了他们向家人表露情感的机会。2017 年，全国妇联中国家庭文化研究会、欧派家居集团和中国妇女杂志社联合发布的《中国式家庭情感表达方式》调查报告表明，仅 24.6% 的受访者认为“爱需要表达”，只有 1/3 的受访者能每天与父母面聊表达感情。

前期的数据分析表明，荣威 i5 的主要购买群体是三 ~ 五线城市的年轻人。很多情况下，年轻人在说“别管我”的背后，是想让父母更关心他们自己，不要过分为儿女操心。但如果不把“爱”说出来，往往会造成父母、家人的误解。因此，一汽荣威希望通过此次营销传播活动，呼吁建立有爱、会沟通的中式家庭关系，打开心中的枷锁，不再真爱反说，治愈“说爱失语症”。在这个基础上，以“爱的沟通”接触年轻人市场，激发他们心中对表达爱的深层需求，从“学会表达真心”

出发，为荣威 i5 树立“有爱、有高能”的品牌形象和“年轻人的家用车”的品牌定位。

荣威 i5 的潜在购买者与 OPPO、一点资讯的使用者高度重合。因此，一汽荣威联合这两家企业，以“高能译真心”“为爱打 call”“感恩邮局”3 项活动深度沟通下沉市场，解决利益相关各方面临的问题。

1. 高能译真心

一汽荣威开发了“反话翻译器”小程序，激发爱的真心表达。

2. 为爱“打 call”

（1）明星“大 V”共同“打 call”，发起荣威 i5“让爱发声”大型号召活动。

（2）引爆上市，发起荣威 i5“让爱聚集，有爱有 i5”路演活动。

（3）Social（社交）资源聚合，开启荣威 i5“让爱出发”抽奖活动。在 Social 平台上传播荣威 i5 高能上市预热信息，保持上市前声量的持续输出。一点资讯邀请 KOL 发声，# 高能译真心，有爱有 i5# 话题贡献度位居前列。

3. 感恩邮局

一汽荣威联合 OPPO 线下十城百店，打造“感恩邮局”活动。该活动运用 LBS（基于位置的服务）技术，向进入指定门店范围内的潜在购买者定向推送信息，引导他们走入门店，参与邮寄感恩花束活动，撰写荣威 i5 感恩卡片。

“高能译真心”活动的双平台总体曝光量超过 11 亿次，总点击量超过 940 万次，微博话题阅读量超过 1.9 亿次。

本传播活动的传播对象划分清晰，实施品牌联动的 3 家企业现有用户及潜在用户重合度高，“真话反说”的构思十分精巧有趣，地理定位与花束、卡片的搭配简洁合理，形成了很强的传播合力，为荣威 i5 的上市带来了全面、深入的消费者沟通。

“果加就 jiang”连续 528 小时 开合直播测试

获奖单位：北京果加智能科技有限公司

作为我国领先的互联网智能锁品牌，“果加”自 2013 年成立以来，一直信守品质第一的原则。在材料选择上，果加智能摒弃为压缩成本而采用低端铝合金材质的思路，坚持采用高品质的精钢、锌合金等材质；在制作工艺方面，果加智能从制作标准化流程上进行了改良，如在传统门锁生产车间率先采用了汽车制造生产线的理念。

“果加”通过长达 22 天、528 小时对门锁的开合实验直播，直观地向消费者展现了果加智能门锁的过硬品质。随后，“果加”得到了 KOL、媒体的广泛关注，在 2019 年“6 · 18”期间获得京东智能门锁单品销量第 1 名的佳绩。对于果加智能而言，通过本次营销取得了阶段性胜利；对于行业而言，本次营销消除了消费者的疑虑，增加了他们对智能门锁的信任度，从而加速了智能门锁的发展进程，让更多人能体验智能高品质生活。

目前，我国智能门锁行业发展迅速。根据全国制锁行业信息中心的调查和测算，

我国智能门锁行业总产值在未来 5 ～ 10 年将超过 1000 亿元，但市场上智能门锁品质参差不齐，消费者选择时比较困难。

从全球智能门锁普及数据来看，日本、韩国普及率最高达 60%，而中国只有约 5%。智能门锁在中国的普及率低，主要是因为消费者对智能门锁复杂的装配过程及安全性能尚存担忧，加之市场上一些无良厂家存在快装快卖、偷工减料等行为，加重了消费者对整个智能门锁行业的不信任。

为了打破消费者对智能门锁的种种顾虑，果加智能打造了一场主题为“果加就 jiang”的超长（22 天）“直播门”，毫无保留地向所有用户直观展示产品品质，呈现“果加”最真实的一面。基于整体品质优势，现场引爆产品技术背书，彰显可开合的硬指标和硬实力，“果加就 jiang”希望在直播中向消费者传达“极致偏执的美好生活技术控，让品质看得见”的品牌理念。

2019 年 5 月 28 日—6 月 18 日，“果加”开启了一场进行 20 多万次开关测试、长达 22 天的最倔强直播“果加就 jiang”，展现了“史上最任性”的锁品牌。到底是门先坏，还是锁先坏？直播会直接告诉消费者这个问题的答案。

1. 5 月 28 日直播开始

我国于 2019 年 4 月开始实施的智能锁行业新标准《电子防盗锁》(GA 374-2019)，对门锁的质量要求是开关 10 万次，而“果加”智能门锁“品质挑战直播”却把目标设为开关 20 万次，甚至可以不设上限一直测试，以挑战产品的品质极限。按照每天使用 20 次计算，“果加”智能锁可使用近 30 年，2 倍于行业标准。

“果加就 jiang”连续 528 小时 开合直播测试

在直播画面中，检测仪器的机械手反复点击“果加”M2 智能锁触控面板并旋转门把手，以此验证锁体的开合性能。

2. 6 月 7 日直播继续

主持人介绍直播进度、“果加”新品及优势，播报截至当日开合测试数。

3. 6 月 18 日直播结束

主持人与互联网博主“科技聚焦”、手工匠人虎哥分别从智能、匠心精神角度解读“果加”品质。

（1）直播同时在线观看人数达 2220 人，消费者好评如潮。

（2）“科技聚焦”自主发布微博。

（3）销售额实现增长。

“果加”淘宝官方旗舰店账号进行新品直播，不定量向观众派发优惠券，为“6 · 18”导流，拉动了销售额的增长。在 2019 年京东“6 · 18”期间，“果加”新品 Model 系列中的 M2 获得京东智能门锁单品销售额第 1 名，助力果加智能成为智能门锁品牌的第 3 名。

在互联网时代，客户需求变幻莫测，明星代言、低价促销等炫丽的营销手段已经无法维持与客户的长久关系。在企业和客户关系发生本质变化的市场环境下，不变的是产品质量。优秀的产品品质是一家企业、一个品牌的底气。

然而，优秀的产品质量万万不能藏着掖着。如何成为满天星河中最闪耀的那一颗？“果加”极其敏锐地选择了“直播”这一当下最新、最流行的带货模式，顺势走上了直播带货的“风口”。此外，“果加”智能门锁的直播也别开生面。就时间而言，直播长达 22 天、528 小时；就内容而言，智能门锁在直播中承受了 20 余万次的开合测试。没有技术和品质作为背书的产品是不敢尝试此类直播的。“果加”让产品品质看得见，达到了“果加自虐千百遍，客户待其如初恋”的效果。

单项奖·杰出娱乐创新奖

“美食即相逢”：《风味人间》全案营销

获奖单位：腾讯视频、伯乐营销

《风味人间》是由腾讯视频出品、稻来传媒和企鹅影视联合制作的美食探索纪录片。本片于 2018 年 10 月 28 日起每周日 21:00 在腾讯视频全网独播，浙江卫视同步播出。《风味人间》在全球视野内审视中国美食的独特性，在历史演化过程中探究中国美食的流变，深度讨论中国人与食物的关系，并勾勒出恢宏的中华美食地图，从美食中折射出中华民族的个性侧面。

1.《舌尖上的中国》封“神”，如何突破？

《舌尖上的中国》原班人马再次操刀，但经典难以突破，需找出《风味人间》与《舌尖上的中国》的差异。

2. 纪录片有受众壁垒，如何求新求异？

美食纪录片的受众有一定局限，多为纪录片爱好者和美食爱好者。人文认知一旦构建，便难以破壁而出。

3. 一线受众口味变刁，如何变换？

受接连几部美食纪录片的影响，一线城市受众“见多识广”，口味日益刁钻，转换不易。

1. 挖掘产品共性，撬动品牌合作

腾讯视频《风味人间》携手家乐福、万达广场、胡姬花花生油、东风雪铁龙、康师傅、匠心营造啤酒六大品牌组成“风味美食联盟”，从纪录片产业链及用户生活形态两方面入手，打造立体化的价值渗透矩阵；提炼并捆绑各大品牌方的结合点，深化“美食即相逢”的核心主题；在出行、美食服务、旅游、社交等平台类别进行端内曝光，并辅以 App、官方微博、微信联合发声。

2. 打破纪录片刻板认知，拉近与粉丝的距离

（1）通过接地气的内容，将美食变成段子，联合美食类、动漫类等不同圈层的自媒体，营造《风味人间》观看热潮。

（2）借助美食表情包、风味长图等创意物料，紧跟当下社会热点，以接地气的画风拉近与用户的距离。

（3）打造“风味 101”活动，美食跨界紧随热势，吸引数千人参与。

（4）举办风味壁纸大赛，全面整合优势资源。

（5）开展“风味君帮我点外卖”活动，多重福利夺人眼球。

（6）鼓励风味买家秀，个性原创内容深度发散。

3. 挖掘用户情感需求

纪录片只凸显“好吃”并不足以“破圈”，除美食向、娱乐向点位，《风味人间》营销项目还基于内容深度挖掘符合当下年轻人的情感诉求核心，抓取“爆款”“北漂”“故乡”等关键词，抓住“故乡”“单身狗”等标签，通过与情感自媒体、下沉渠道合作，利用共鸣点提升话题度，实现“破圈”。

（1）走心温情向。《风味人间》营销项目制作闺蜜海报、分集海报、金句海报等走心物料，满足风味仪式感追求，引发网友强烈共鸣。

（2）内部互动。《风味人间》营销项目发布戳心话题，引发网友积极讨论，节目收官后数据仍在增长。

（3）外部联动。《风味人间》营销项目吸引优质内容，获得明星、主创及制作团队等点赞、推荐。

（4）粉丝互动。《风味人间》纪录片官方微博与粉丝互动良好。粉丝除了观看节目，还会私信官方微博，推荐美食和美食盛产地。

4. 核心自媒体发力，以小搏大带动“自来水”

《风味人间》营销项目根据数据调研，分析口碑优势，将中西对比作为内容把手，在首日口碑中重点放大。该项目找到各个圈层的带头人物，由头部大号带动其他自媒体，做到以小博大：调动“桃桃淘电影”“Sir 电影”“广电时评”等数个微信影评类、行业类权威账号，联合“新世相”“山河小岁月”等数个大众类、文化类头部大号，多角度挖掘讨论话题，带动各圈层自媒体跟进发酵。

5. 抓取口碑核心“阵地”，深度合作

《风味人间》营销项目联合豆瓣、巨幕在 4 城推出提前看片活动，把握口碑核心平台“自来水”提前发声，以头部自媒体的影响力形成大量“自来水”，在核心受众圈层夯实年度爆款基础；邀请各平台权威 KOL 提前看片，4 城巨幕看片会储备口碑“弹药”；纪录片首播动员数名豆瓣“红人”发布高分长 / 短评。

《风味人间》在豆瓣实现开分 9.4 后，进行精准判断，由头部口碑大号以开分 9.4 为传播点位进行造势，形成了年度口碑爆款。

6. 官媒定调，传统媒体顺势而为

《光明日报》、《人民日报》（海外版）、《人民日报》评论、《环球人物》、《环球时报》、《南方周末》、人民网、新华网、中国新闻网等权威媒体报道了《风味人间》，进一步扩大了主流传播范围，增强了节目的主流影响力。

7. 挖掘地区下沉势能，实现立体化渗透

《风味人间》营销项目选择 App、自媒体、传统媒体多向渠道段，深耕三、四线城市，充分打破纪录片类型难下沉的壁垒；将物料、口碑文章投放至全国 20 个省的 40 余个三、四线城市，共计发稿数百篇。该营销项目通过多城市个体铺量下沉的形式，深入影响地方媒体及观众，有效提升了《风味人间》的百度指数及微信指数，提高了曝光量，强化了口碑。

1. 媒介效果

（1）根据腾讯视频的数据，截至 2018 年 12 月 18 日，《风味人间》累计播放量达 8.3 亿次。

（2）《风味人间》取得 2018 年度国产纪录片播放量第 1 名的成绩 。

2. 口碑效果

（1）根据豆瓣、猫眼的数据，《风味人间》豆瓣评分达 9.2 分，猫眼评分达 9.3 分，主流评分平台均获得高分，为 2018 年度国产纪录片最好成绩，实现播放量与口碑“双丰收”。

（2）根据豆瓣的数据，《风味人间》连续 6 周蝉联豆瓣“华语剧集口碑榜”第 1 名，并衍生大量讨论帖，累计登上热搜、热门榜单 57 次。

（3）《风味人间》获《新周刊》2018 年中国视频榜“推委会特别大奖”。

（4）根据微博的数据，《风味人间》在微博热搜榜、话题榜、综艺话题榜等累计登榜 18 次。

（5）根据 B 站的数据，《风味人间》在 B 站热门榜、纪录片榜、生活榜等累计登榜超过 70 次。

（6）根据知乎的数据，《风味人间》播出期间，在知乎热搜榜、热门话题榜、影视话题榜等累计登榜 65 次。

“美食即相逢”《风味人间》全案营销突破纪录片的类型限制及人们的固有认

知，尝试综艺化娱乐模式，并以“美食”这一题材为核心进行宣传；寻找纪录片中符合美食爱好者和年轻人喜好的话题，让纪录片内容玩起来；创意物料覆盖吃和玩，基于不同受众，满足娱乐、情感多重需求，最终实现“破圈”。

该项目特别注重占领口碑核心“阵地”，与之形成深度合作，取得了豆瓣开分9.4的佳绩；之后以此为传播点位造势，形成了年度口碑爆款。最终，《风味人间》播放量为2018年度国产纪录片第1名。《风味人间》成为深层次展现中华美食与民族文化的纪实佳作，以及弘扬中华传统文化的代表作，实现了播放量与口碑“双丰收”。

“同一个世界，爱一直在”：AcFun《魔兽世界怀旧服》热点营销

获奖单位：AcFun 弹幕视频网（北京弹幕网络科技有限公司）

营销洞察

成立于 2007 年 6 月的 AcFun 弹幕视频网（以下简称“A 站”），凭借各类 ACG（动画、漫画和游戏）相关的硬核内容，A 站在建站早期便聚集了大量动漫、游戏爱好者，成为中国二次元文化的重要发源地。与此同时，已经于 2005 年开始商业化运营的《魔兽世界》，则凭借游戏本身的超高品质，称霸当时中国的端游市场，受到了众多“80 后”“90 后”游戏玩家的追捧。

A 站与《魔兽世界》用户人群高度重叠。许多经历过 60 级版本的魔兽老玩家，绝大部分都是从发布在 A 站上的《魔兽世界》相关视频开始认识这款游戏的。A 站与《魔兽世界》是一代人因为网络游戏相识、结伴、成长，至今仍然保有情怀的家园。

《魔兽世界怀旧服》开服在即，A 站结合这一热点事件，将两个陪伴用户十余年的平台和所蕴含的情怀进行沉淀、融合，以内容为载体，与玩家们建立共同的情感联系，成就有效的话语沟通，以进一步提升 A 站在游戏领域的知名度，并结合社区属性，沉淀和活跃更浓厚的二次元文化交流氛围。

营销挑战

随着市场的不断发展，A 站在业内的知名度和社区活跃度都不如从前。A 站需

在本次营销中完成3个任务：一是找准硬核二次元文化社区的“跑道”重新出发；二是结合平台属性，选择某种元素作为共鸣点，推出某些内容并通过某些形式与玩家群体建立关联，赢得他们的兴趣；三是找到独特的价值，从各类蹭“魔兽”热点的品牌中脱颖而出。

1. 线上预热

时间：2019年7月22日—8月27日。

（1）魔兽玩家回忆录。

该营销项目收集、整理老玩家产出的情怀向视频和图文内容，通过Up主和KOL聚合至A站，完成项目前期与“魔兽”相关内容的梳理，通过在A站内铺垫整体氛围进行预热。

（2）“我的魔兽世界”专题征稿活动。

本次营销项目从A站内容平台的属性出发，以“我的魔兽世界”为主题开启专题征稿活动，发动A站用户以视频、图文、同人创作的形式，记录和分享自己曾经的“魔兽”过往。

2. 情怀爆发

（1）制作《魔兽世界》玩家宣传片《同一个世界，爱一直在》。

2019年8月22—25日，A站集合了一众国内《魔兽世界》知名玩家、A站的Up主和员工玩家、素人玩家等，以视频访谈的形式独家推出《同一个世界，爱一直在》玩家宣传片，从老玩家的视角出发，带领广大玩家群体回顾15年来各自因“魔兽”相识、交流、结伴、成长的过程。

A站还将共计100张《魔兽世界》游戏点卡以水印数字密码的形式融入宣传片的各个时间段，通过A站自有媒体矩阵+联合平台发声的形式，告知玩家群体前往正片寻找点卡密码，在以“情怀”作为主打情感点、引起核心玩家关注的同时，也激起了更广泛游戏玩家群体的兴趣和讨论，甚至有用户自发收集和分享密码攻略。

（2）录制《魔兽世界》玩家MV《重返旧世界》。

在《魔兽世界怀旧服》开服的前两天，A站与《魔兽世界》知名玩家、游戏动漫歌手安蕾尔共同演绎了《魔兽世界》玩家MV《重返旧世界》，祝贺《魔兽世界》15周年和“怀旧服”正式开服。MV画面呈现了《魔兽世界》15年历程中推出的经典副本、职业，与歌词中包含的“魔兽”相关重大事件、场景相互呼应，将玩家群体的热情推向高潮。

（3）跨平台话题征召。

2019年8月22—27日，A站联合《魔兽世界》官方、NGA社区、百度贴吧、直播平台及十余名《魔兽世界》知名KOL、游戏主播、制作人，在包括微博、短视频、直播、玩家论坛在内的十多个平台共同发起“同一个世界，爱一直在”跨平台话题活动。

1）微博。A站发布#同一个世界，爱一直在#联合话题，获得十余名《魔兽世界》顶级玩家自主转发，引发大量“魔兽”玩家观看、讨论。

2）NGA玩家社区。A站联合NGA玩家社区发起“盖楼”活动，“魔兽”玩家通过观看纪录片找密码，共同回忆“魔兽”旧时代并期待“魔兽”怀旧服开服。

3）“魔兽”怀旧服百度贴吧。A站联合“魔兽”怀旧服百度贴吧发起“盖楼”活动，通过“魔兽”玩家观看纪录片找密码，激发玩家对“魔兽”怀旧服开服的期待和热议。

4）斗鱼。斗鱼Top5“魔兽”主播直播分享“怀旧服”，引发大量粉丝观看、讨论。

5）抖音、快手。《同一个世界，爱一直在》宣传片在抖音、快手播放，其中的找“魔兽”点卡密码的玩法引发了“魔兽”玩家的热情，并号召更多粉丝一起来帮着寻找。

6）个人社交空间。《同一个世界，爱一直在》宣传片获得大量“魔兽”粉丝的关注和转发，覆盖众多汇聚上千人的“魔兽”粉丝QQ群、QQ空间及微信朋友圈。

3. 情怀回归

2019年8月27日，《魔兽世界怀旧服》开服，A站联合NGA社区及直播平台的十余位主播，共同推出《魔兽世界》经典旧世专题和“头号玩家+冲级赛”活动，号召玩家们进入游戏，寻找当年《魔兽世界》游戏内的经典场景，与主播们一起体验游戏流程，并将体验感受以视频实况、图文攻略、话题讨论等内容形式上传至A站及联合平台。

《魔兽世界怀旧服》营销项目通过AcFun主站、微博、斗鱼、百度贴吧、快手、抖音、QQ、微信等媒介渠道进行宣传推广，取得了令人瞩目的传播效果。

（1）专题征稿活动累计浏览量超过300万次，征集UGC（用户生产内容）长视频近200个。

（2）玩家宣传片全网播放量达750万次，《重返旧世界》MV全网播放量达130万次。

（3）微博话题#同一个世界，爱一直在#阅读量约860万次，并与《魔兽世界》官方等游戏社区、微博平台进行互动，获得十余个魔兽玩家微博大号自主转评。

（4）直播平台“魔兽领域”主播直播曝光量约200万次，抖音、快手等短视频合计曝光量约220万次。

（5）NGA社区及“魔兽”怀旧服百度贴吧曝光量超过500万次，共计盖楼超500层。

（6）超过30个游戏千人群发布、讨论宣传片，微信朋友圈及QQ空间自主转发覆盖近2000人。

（7）获得ACGx等专业游戏媒体报道十余次。

作为以弹幕视频为主要载体的二次元文化社区，A站联合《魔兽世界》官方、NGA玩家社区及一众知名“魔兽”玩家等参与其中，以“情怀”为主打元素，通

过 OGC 官方征集老用户回忆稿件和开服游玩活动、PGC 玩家宣传片、UGC 同人歌 MV 等一系列内容产出，为“魔兽”怀旧服开服造势，并在开服游玩后回到 A 站引发二次讨论、传播，以天然的用户情怀优势和 A 站自有的二次元文化氛围推动传播，促使“80 后”“90 后”“00 后”各层情怀迸发，从点到面、以老带新突破圈层，引发热议，完成了社区文化的沉淀。该项目引起了 A 站用户的强烈反响，其平台效应也为玩家创作提供了展示的空间。海量的视频创作则进一步巩固了“魔兽”在中国玩家心中的地位，加强其在中国形成的独特文化。此次营销活动让 A 站在众多中国“魔兽”玩家心中获得无可替代的一席之地，与相关利益者达成了多赢局面。

星梦邮轮 ×《大侦探皮卡丘》联合推广

获奖单位：北京万达传媒有限公司

1. 知名度低

拥有近 27 年丰富的亚洲市场运作经验的云顶邮轮，孕育出专为中国及亚洲市场而设的星梦邮轮。2019 年 4 月，星梦邮轮旗下最新成员“探索梦号”在上海首航，但其在中国华东、华北地区的品牌知名度几乎为零。

2. 市场饱和

从 2017 年开始，经历了 10 年爆发式增长的中国邮轮市场发展逐步放缓，品牌需要在此大背景下，稳固其海上翘楚的地位，寻找新的方法吸引消费者关注。

3. 同质化高

受地缘因素影响，中国出发到日本的航线较多，市场同质化程度较高，寻求差异化成为吸引消费者关注的新方式。

1. 日本航线受追捧

邮轮旅行成为人们出游的热门选择，而日本作为较近的航线备受国内游客追捧。

2. 亲子游成主流

在旅游市场中，出游人群呈现年轻化特点，年轻群体更愿意为旅行的附加值及定制化买单，特别是在暑期旅游旺季，亲子家庭是邮轮出游的“主力军”。

3. 文化融合成需求

人们越来越重视精神和感官上的享受，对旅游的期待值日益攀升，文化和旅游深度融合成为客观的消费者需求。

4.IP 匹配度高

皮卡丘作为全球超级 IP，是“70 后”“80 后”“90 后”的集体回忆，且其超萌的形象深受儿童喜爱。电影《大侦探皮卡丘》讲述了父子之间的故事，符合亲子主题，且首次采用 3D 形式呈现，具有极强的话题性和讨论度。选择这一 IP 可以达到吸引眼球、创造差异化体验的目的。

1. 消费者认知目标

该营销项目希望通过“探索梦号”提升我国华东及华北地区消费者的品牌认知度：总体认知度从零提高到 20%，熟悉度从零提高到 10%，考虑度从零提高到 10%。

2. 消费者行为目标

此次联合推广活动期待提升华南和华北地区邮轮预订率，实现 2019 年 7 月舱位预售 10% ～ 20% 的目标，为 2019 年 7—8 月的暑期出游旺季打好基础。

1. 线下影院投放

（1）TVC 映前广告。

星梦邮轮与《大侦探皮卡丘》的 15 秒套剪上刊，高效涵盖北京、上海、广州、深圳 4 个一线城市的共 40 家万达影城，具体包括 325 个影厅、24 510 个场次。

（2）海报立体覆盖。

海报宣传覆盖包括 LCD 海报屏、LCD 拼接屏及取票机（影立方）在内的所有屏幕，助力品牌做透影院场景，布局观影活动整个路线，做到一次观影、多次触达。

2. 线上话题营销

本次联合推广活动以 # 突然开船皮卡丘 # 为话题，通过皮卡丘舞蹈、皮卡丘搞笑视频、活动现场视频等内容提升话题的可传播性；通过超 30 位微博 KOL、抖音红人发布内容，加大传播力度，提升品牌声量，实现微博近 4000 万次的阅读量、抖音超过 70 万次播放量、小红书上千次的收藏量，大幅提升了消费者认知。

3. 线下主题活动

（1）“探索梦号”线下分享会。

2019 年 5 月 11—12 日，“《大侦探皮卡丘》喊你参加星梦邮轮‘探索梦号’”线下分享会举行，吸引 20 多个家庭报名参加，路演效果显著。

（2）主题旅游项目。

专为亲子家庭打造的暑期主题旅游项目“星梦夏日邮乐园”于 2019 年 5 月 31 日—6 月 2 日落地广州乐峰广场、2019 年 6 月 7—9 日落地深圳海岸城。现场举办多场寓教于乐的游乐活动，其中《大侦探皮卡丘》主题活动受到热捧。两场活动共吸引广州 4000 多个家庭、深圳 6000 多个家庭参与，实现 159 个舱位（Cabins）的销售量。

（3）庆祝首航活动。

2019 年 7 月 1 日，“探索梦号”携手《大侦探皮卡丘》正式抵达天津。为庆祝首航，“探索梦号”举办了“萌到犯规”的《大侦探皮卡丘》主题活动，包括接受来自皮卡丘的问候并合影留念、萌语学院、电力十足的创意绘画学院和手工课堂，一系列活动让旅客收获满满。另外，小朋友还可以加入精灵舞会，享受缤纷特饮。

1. 超额完成认知目标

华东和华北地区消费者的认知度和品牌认可度得到大幅提升：总体的独立认知度从零提高到 11%，而已确立领导地位的华南地区这一比例为 15%；总体品牌认知度从零提高到 56%，熟悉度从零提高到 51%，考虑度从零提高到 39%。

2. 超额完成预售目标

星梦邮轮预售出了 2019 年 7 月航次 30% ～ 40% 的舱位、2019 年 8—9 月航次 15% 的舱位。

3. 突出同质化重围

星梦邮轮通过电影《大侦探皮卡丘》的加持，在众多同质化产品中突出重围，在提升品牌美誉度的同时，寓教于乐，完美践行了文旅融合发展，推动了“新旅游”时代的到来。

邮轮旅游已成为暑期家庭亲子旅游的首选之一，但邮轮市场产品较多且同质化程度较高。星梦邮轮“探索梦号”在 2019 年 4 月才首航，在我国华北、华东地区知名度几乎为零。在此劣势下，星梦邮轮准确选择大 IP《大侦探皮卡丘》，与其联手发力，在激烈的市场竞争中营造新的消费点。通过 IP 授权联合推广，星梦邮轮举办多场丰富多样的线下活动，配合影院场景投放、线上社交媒体、KOL 传播、主题路演活动，迅速打开市场，超额完成了预售目标，大幅提升了华东和华北地区消费者的认知度和品牌认可度。首次在中国华东、华北开航的星梦邮轮完美覆盖了“高收入、高学历、高消费水平”受众。这对于以打开市场为目标的本次项目而言，无疑是一场令人称赞的胜利。在市场日趋饱和、同质化竞争激烈的现状下，本次营销项目成功开辟出了一条将文化和旅游深度融合、引入 IP 元素的旅游发展新道路。

单项奖 · 杰出场景营销奖

哆啦 A 梦主题电梯间：升级线下场景营销体验

获奖单位：成都新潮传媒集团有限公司

2019 年“六一儿童节”，IP 动画大作《哆啦 A 梦：大雄的月球探险记》在国内上映，这是《哆啦 A 梦》系列电影连续 4 年在“六一儿童节”上映。作为经典 IP，哆啦 A 梦一直吸引着有怀旧情结的“85 后”“90 后”，以及有孩子的家庭用户。然而，2019 年“六一儿童节”档同类型电影众多，除了《哆啦 A 梦：大熊的月球探险记》，还有英国动画片《托马斯大电影之世界探险记》、国内动画片《潜艇总动员：外星宝贝》《巧虎大飞船历险记》。加之国内院线对动画片类型的电影排片率不高，整个市场呈现一种僧多粥少、竞争激烈的局面。

动画电影的主要观众为儿童，多数是周末家长带着孩子外出时观看，以家庭活动为主，观看频次较低，在面对多部同类电影时一定会有所取舍。因此，项目方需要利用创新的营销内容，通过最能接触家庭用户的媒体进行高频次传播，从而引起儿童的兴趣，进而影响家长的选择。

电影《哆啦 A 梦：大熊的月球探险记》受众人群主要有两类：

（1）家中有 5 ～ 14 岁孩子的中产家庭。他们收入稳定、有住房，消费围绕家庭和孩子的需求产生。针对这类人群，在营销时可以用卡通形象打动儿童。

（2）“80 后”“90 后”白领人群。他们从小看《哆啦 A 梦》长大，属于动画 IP 情怀党，追求精神上的娱乐和解压，消费围绕自己的需求产生。针对这类人群，应该用情怀加以打动。

这两类人群的社交场景不同，唯一产生交集的线下地点就是居住社区内的电梯。因此，电梯是一个重要的传播空间。

1. 线下电梯投放

（1）常规广告投放。

新潮传媒借助自有“生活圈智投”平台进行程序化投放，线下筛选出“有孩子”“对电影感兴趣”“周末经常外出”的家庭人群聚集的社区，在北京、上海、广州、深圳、成都、武汉、杭州、西安、南京、哈尔滨 10 个城市进行常规的电梯视频广告投放。

（2）哆啦 A 梦主题屏投放。

新潮传媒在北京、上海、广州、深圳、成都 5 个城市选取三口之家且孩子年龄在 6 ～ 16 岁居多的社区，包装哆啦 A 梦主题屏；跳出传统的广告上刊形式，将整个电梯显示屏变成哆啦 A 梦的形象，让哆啦 A 梦电影广告变得更立体、更生动。

通过创意包装电梯，引发用户拍照，实现在线二次互动和传播。

2. 拍照互动福利刺激

新潮传媒在上刊广告画面内发起拍照互动活动，受众只要拍下有哆啦 A 梦画面的新潮电梯屏，上传到微博并 @ 新潮传媒，就有机会赢得电影票和电影周边福利。新潮传媒与哆啦 A 梦电影官方微博号互推，每天在微博抽取 10 名用户，鼓励受众多多关注电梯广告、多多互动。

3. 制作镜面互动框架海报

新潮传媒联合旗下框架产品“美框 300”制作了镜面互动框架海报，把电梯间的电影海报背景挖空，变成可以反射的镜子，让受众直接和卡通人物同框合影，成为电影海报的主角，增加了广告的娱乐性。受众自发拍照的行为也制造了线上二次传播的机会。

4. 线上同步传播

新潮传媒在抖音、微博、微信、社群等线上渠道发布 15 秒电梯间体验视频，同时发布主题电梯间场景营销长图，并在官方微信发布活动文章，鼓励受众线上线下同时参与。

1. 媒介效果

- 曝光效果：线下广告覆盖 200 万人次，曝光量达 1680 万次。
- 引流效果：通过线下广告引导到线上，参与活动人数超过 2 万人。
- 粉丝效果：“哆啦 A 梦电影”微博账号粉丝量增加到 8 万人。
- 互动效果：截至 2019 年 6 月 12 日，# 捉住哆啦 A 梦 # 话题阅读参与量达 3.2 万人次。

2. 票房效果

截至 2019 年 6 月 14 日，《哆啦 A 梦：大熊的月球探险记》票房达 1.24 亿元，其中首周票房达到 9113.3 万元，这一成绩是同期上映的动画片《托马斯大电影之世界探险记》首周票房的约 7 倍。与同样是经典 IP 的日本动画电影《龙珠超：布罗利》（2019 年 5 月 25 日上映）相比，《哆啦 A 梦：大熊的月球探险记》首周票房高出约 7000 万元，总票房高出约 9000 万元。

3. 资讯指数

广告上刊期间，“哆啦 A 梦”百度搜索指数明显提高，资讯指数提升 2～3 倍。

作为专注家庭消费的社区媒体平台，新潮传媒用电梯广告场景链接《哆啦 A 梦：大熊的月球探险记》电影和家庭人群，能够充分帮助电影实现线下有效流量的获取，影响目标消费者的决策。

在封闭的电梯空间进行传播能够给受众带来沉浸式体验。新潮传媒不仅利用电梯智慧屏进行声画结合的传播，还将电梯框架充分利用起来，形成立体的场景营销方案。这也是电梯媒体第一次以对产品本身进行 IP 主题包装的形式进行广告营销，开拓了电梯场景的新玩法，并成功引发受众的好奇与关注。

不管是从国外引入的动画作品，还是国内原创动画，动画电影的高频次上映正在给中国动画电影市场带来变革性的影响。在这场变革中，渐渐清晰起来的一条路线是：经典作品 + 顶级营销 +IP 二次开发。新潮传媒与《哆啦 A 梦：大熊的月球探险记》的合作为电影宣发展示了线下渠道的优点，也为品牌带来了场景营销的新思路，即通过场景沉浸式体验和二次传播，升级线下场景营销体验，实现品牌与用户的零距离沟通和相互认同。

一汽丰田合作国内首档映前广告栏目《时光对话》

获奖单位：北京万达传媒有限公司

项目简介

2018 年 9 月，一汽丰田发布全新品牌口号“致真至极”。如何向市场传递品牌价值观，达到与年轻消费者有效沟通的目的，是一汽丰田面临的新挑战。目标消费者普遍有观影习惯且热衷影视内容，对于明星访谈类节目接受度较高；同时，很多电影人都有不为人知的奋斗经历，而这背后展现出的对“真诚”和“极致”的追求与丰田“致真至极”的品牌理念高度一致，他们的经历能引发观众强烈的情感共鸣。

由此，一汽丰田决定打造国内首档映前广告栏目《时光对话》。一汽丰田深度定制内容，邀请“大咖”电影人拍摄访谈视频，并在热门影片映前播放，根据不同车款匹配不同的电影人，并通过线上线下多渠道进行全面推广。此栏目最终实现了品牌销量和认知度的提升，以及品牌价值观和产品气质的有效传达。

市场背景

中国汽车市场正处于激烈的变革时期，消费者生活方式的变化在很大程度上影响着汽车需求。他们对于汽车品牌主张的认同感强于以往，更愿意选择与其内心有共鸣的产品。市场竞争也早已不限于产品层面，而是更多聚焦在品牌层面。企业必须不断感知消费者想要通过汽车表达怎样的个性，并将获得的信息反映在产品和服务中。

电影是人类情感沟通的重要桥梁。借用电影渠道，在观影场景中自然地融入品牌信息，将有利于品牌价值观的传递。《2017 年中国电影消费洞察》显示，2017 年中国观影人次突破 16 亿，其中 21 ～ 40 岁消费者是观影人群的主力。与此同时，拥有国内最大院线资源的万达影城，年均客流量达 40 亿人次左右。选择万达就等于锁定了最活跃的新生代人群。

一汽丰田的目标用户普遍对于影视热门话题关注度较高，尤其是明星访谈类节目，往往能从情感层面触动他们。电影人奋斗历程中蕴含的艰辛及跨越艰辛之后的成功会激发消费者的情感共鸣。这背后表现出的精神契合了丰田“致真至极”的品牌理念。

基于上述洞察，一汽丰田深度定制内容，邀请热门电影人拍摄访谈节目，开创了国内首档映前广告栏目《时光对话》，实现了品牌信息的自然植入，将内容场景式营销提升至一个新的高度。

“90 后”已逐渐成为汽车消费的新群体。品牌需要牢牢锁定年轻消费者，他们的年龄在 18 ～ 40 岁之间，拥有大学本科以上学历，在金融、地产、制造业等领域就业有良好的生活品味与消费能力，日常休闲活动轨迹包括看电影及相关的网上购票等环节。这一属性与万达影城所覆盖的高势能人群及产品资源属性也高度匹配。

- 品牌曝光目标：覆盖 2.5 亿人次。
- 商业目标：促进销量提升。

- 消费者认知 / 态度目标：提升品牌喜爱度。

以年轻消费者为主体的万达影城观众，以及覆盖 229 个城市的 757 家万达影城资源，为“映前广告栏目”融合场景化营销、电影强关联内容提供了整合营销解决思路。

第一，紧扣年轻人观影动机，结合场景实现深度营销，与消费者进行直接沟通。通过明星在大银幕畅谈电影的创作历程，结合热点话题，以电影栏目的形式，将内容场景营销优势发挥到极致。

第二，区别于传统的 30 秒 TVC 映前广告形式，一汽丰田打造时长达 135 秒的映前访谈栏目，在营造品牌调性的同时，传递品牌文化，占领消费者心智。

第三，覆盖 229 个城市、757 家影院、5932 个影厅，以及 LCD 海报屏、LCD 拼接屏、影立方等影城资源。

第四，在线上，通过中国最大的影视资料库及首席电影媒体 PC 端首页、内容页、App 端等资源页强势曝光，曝光量达到 3.2 亿次。在广告投放期间，由官网首页 /App 首页持续推荐 4 周，内容为电影人的专访文章与视频。为符合年轻影迷口味，本次营销项目还提供了“深度长视频专访”与“趣味短视频对话”两个版本。

第五，广告投放获得上亿次曝光量，覆盖超 42 亿元票房总收入成绩的热门电影，包括《海王》《蜘蛛侠》《来电狂响》《地球最后的夜晚》《大黄蜂》等。

综合各方面数据，本次营销项目超额完成了目标。

（1）覆盖人次。

《时光对话》栏目总计覆盖 3.5 亿人次。其中，线上渠道覆盖 3.2 亿人次，线下渠道覆盖 3000 万人次，完成比率达到 140%。

（2）受众反馈。

第三方电影平台公司在北京、上海、成都、西安、沈阳 5 个城市进行了消费者映后调查，涉及 1152 份样本，结果显示：97% 的一线城市消费者和 96% 的二线城市消费者对《时光对话》栏目的第一印象是“这不是一个广告”；91% 的一线城市消费者和 82% 的二、三线城市消费者对该映前栏目的满意程度选择了“很满意”；90% 的一线城市消费者和 89% 的二、三线城市消费者表示有兴趣观看完整版《时光对话》栏目；观众主观反馈“很好看，没有看够”等。

（3）搜索指数。

《时光对话》播出期间，一汽丰田的百度指数稳步提升，平均峰值高达 383 984，同比增加 4 倍以上。

一汽丰田本次营销项目通过为品牌深度定制《时光对话》映前广告栏目，用“最不像广告的广告”打动观众，自然传递了品牌价值，以内容营销方法开创了媒体合作的新模式。

此项目以映前广告栏目为载体，聚焦热门电影人与热门电影，结合线上传播，将内容场景式营销发挥到了极致；充分挖掘场景内涵，将空间、时间、内容、人群的特征完美匹配，做到了“天时、地利、人和”，给受众以全方位、多层次的内容感知体验，使传播的隐蔽性更强、传播效果更好。在此基础上，该项目在品牌曝光度方面超额完成了目标，完成率达到 140%。时光网映后调查结果显示，消费者映后反馈良好，品牌的认知度和好感度大幅提升。与传统的硬广告投放相比，此策略更值得营销人学习、借鉴。

单项奖·杰出产品营销创新奖

福连升中年鞋营销策划案

获奖单位：北京尚品福连升服饰有限公司、深圳市采纳品牌营销顾问有限公司

北京尚品福连升服饰有限公司（原“福联升”，以下简称“福连升”）创立于2006年，专业致力于以布为原材料的休闲鞋履研发、生产和销售。自创立以来，福连升不断冲破传统束缚，采用布、绒、绸等多种面料，添加时尚元素，将传统工艺和现代艺术相融合，被广泛认知为“专业的老北京布鞋品牌”。目前，其全球专卖店已突破3000家，遍布中国300多个城市。但面对消费升级、竞争升级、品牌升级及老北京布鞋行业不容乐观的现状，福连升也在不断进行经营变革，寻找提升整体销量及做大规模、取得行业领导地位的方法。于是，“福连升”与“采纳”达成战略合作，共同探寻品牌战略升级之路。

1. 市场瓶颈

20 多年来，老北京布鞋产品长期处于低端市场，消费者普遍认为老北京布鞋就是低端鞋、老年鞋，虽然产品特性突出，但品牌价值难以体现。老北京布鞋行业的产品、终端、销售模式同质化严重，经营思维和模式缺乏创新，行业、品牌、企业发展遭遇瓶颈，陷入恶性竞争。

2. 消费升级

近年来，随着大众基本物质需求得到满足和生活水平的不断提高，消费者的健康理念逐渐升级，对鞋产品的品质和款式要求更高。休闲不仅是产品的主要风格，而且是放松舒缓的生活调性。更多消费者开始崇尚个性、潮流。

3. 聚焦品类

采纳 - 福连升项目团队通过对“福连升”品牌生态环境当中的 5 个城市、16 位高管、21 位经销商、63 位店员、1300 多位消费者的系统诊断和研究洞察发现，儿童、青少年、青年人、老年人等鞋类市场都已被各品类品牌牢牢占据，但中年鞋品类是一个市场空白点。福连升计划战略性开创中年鞋品类，创造新的鞋业“风口”，发掘中年鞋品类“蓝海”。

1. 全新品牌定位

中年人群最关注健康休闲类中年鞋的专卖。而关注健康是中年人最具共性的标签，也是“福连升”品牌的初衷；休闲鞋是中年人最受欢迎的鞋类，也是福连升的基本风格。因此，福连升新的品牌定位为：健康休闲中年鞋。该品牌定位既统领过去又拓展未来，针对中年群体营造口碑，稳抓消费者共性心理及隐性需求。

2. 构建价值体系

（1）核心价值。

福连升专注于为中年人创造健康、休闲、愉悦的生活方式，既传承老北京布鞋的工匠精神，也坚持“福气、运气、神气”的文化信仰。因此，其全新的品牌核心价值为“健康、休闲、文化”。

（2）文化主张。

福连升提出“人到中年福连升”的文化主张，一语双关，既是一种幸福、满足的感受和祝福表达，又嵌入“中年鞋”的定位和品牌名，从而圈住核心消费人群。

（3）广告口号。

福连升的鞋一直被消费者称赞合脚，即尺寸、鞋型、款式、功能、材质、工艺等全方位都很适合脚部内在触觉和外在视觉，这些正是中年人对鞋的需求。因此，“福连升”品牌以“鞋子合不合脚，穿了才知道”作为广告口号。

3. 注重产品创新

（1）产品线设计。

福连升通过分析产品线，发现自身的核心问题在于缺乏标准，品牌意识薄弱，品牌战略不清晰，产品款式多而乱，缺乏代表品牌形象的产品，消费者对福连升的产品认知不清晰，产品在终端的价值感不足。

本次营销项目基于全新的“健康休闲中年鞋”的品牌规划进行产品升级，为福连升重新梳理产品线。福连升基于人群、场景、款式进行全新的产品系列规划，根据中年人的主要生活场景——“休闲生活、运动生活、轻松工作、精彩旅行、居家生活、中国风尚”，全时段、全方位“包围”“包装”消费者，打造六大场景的产品线，从而占领中年人心智，升华产品的价值。

（2）新概念产品。

福连升以“享 · 惬意”为主题开启 2019 年秋季新品订货会，并发布两大创新产品：一是久站释压鞋，为中年人一天的工作保驾护航；二是安全防滑鞋，为中年人的舒适生活增添安全感。

两大产品紧紧围绕全新品牌理念，充分体现了“福连升”品牌的舒适生活概念和服务中年客户群体的定位。

4. 品牌形象重塑

（1）空间形象重塑。

福连升线下实体店设计全面升级：

第一，采用木质调的中式设计，展现休闲感，匹配“人到中年福连升”的精神境界。

第二，引用“f”元素，自带品牌独有基因，品牌识别度直线上升。

第三，店铺两端采用树干造型，展现品牌舒适的调性和贴近自然的生态感。

第四，营造中式园林长廊漫步的场景，既突出设计感，又不失传统文化元素。

第五，吊顶采用金色树叶造型，代表人到中年的人生阶段。

（2）LOGO 形象重塑。

福连升旧版 LOGO 是以中国传统祥纹的造型方法，将西方字母元素与东方神韵进行融合。新版 LOGO 与旧版设计思路一致，但整体更加圆润、细腻，展现舒适休闲的品牌调性。色调采用暖红色，展现富贵、吉祥、热情的内涵。

5. 制胜终端市场

针对终端市场，福连升提出“战略大单品 + 品牌运动”的终端制胜战略，从品牌、产品、形象、终端、传播、管理等方面发力，形成系统化、全方位的品牌运动模式。

（1）建立可复制的模板。

福连升通过区域市场品类占位和销量提升的系列标准化动作，建立了可复制的模板，为在全国市场复制打下基础，帮助经销商学习企业成功运作区域市场的方法和经验；同时树立标杆，建立榜样市场，让广大经销商看到一个真实的、可参照的学习榜样。

（2）聚焦战略大单品传播。

1）发起品牌运动。福连升通过网络 + 新媒体推广 + 消费者活动 + 区域品牌终端化 + 终端品牌化，聚焦新品，精准传播，带动全品类销售。

2）建立品牌终端一体化营销平台。福连升建设了石家庄样板市场，在全河北省招商，快速提升了品牌知名度、信任度；在消费者心智资源中树立了“福连升 = 中年鞋”的品类认知和“健康休闲中年鞋”的品牌定位。

（3）品牌终端一体化。

福连升通过市场布局、终端建设、营销组织、品牌传播实现品牌终端一体化，形成了完善的终端制胜战略体系，全方位提升了终端核心竞争力，实现了“中年鞋品类第 1 名”的目标。

福连升面对市场危机，从容制定品牌创新战略，将“中年鞋”这一“蓝海”市场作为打开局面的战略手段。福连升在全面更新品牌理念的基础上，就品牌价值、品牌形象、产品线、营销策略依次进行调整，紧紧围绕新的品牌理念加以运作，力争提升品牌辨识度和消费者认知度，是传统中式品牌重塑的上佳操作。

福连升聚焦品类，在深度洞察消费者需求和市场态势的基础上，针对中年人健康、舒适的消费习惯，设计了久站释压鞋和安全防滑鞋两款新品，帮助重生后的品牌打开了市场，获得了消费者的好感，为日后占据消费者心目中“中年鞋”这一品类打下了良好的基础。将品类作为主战略，是“福连升”品牌升级过程中最为正确的决策，它能够帮助品牌抢占先机，真正破茧重生。

韩后：从大众草本护肤到科技精华嫩肤的品牌转型升级

获奖单位：韩后化妆品股份有限公司、上海锦坤文化传播有限公司

1. 经济结构

当前，我国中产阶层规模正在不断扩大，消费结构也在逐步升级。随着经济收入和社会、家庭地位的提升，女性成为时尚消费品市场的主导力量，“她经济”迅速崛起。我国 25 ～ 45 岁女性人口已接近 3 亿人，市场规模可观。

2. 市场规模分析

我国拥有全球第二大化妆品市场，规模已经超过 3000 亿元。2016—2020 年，我国化妆品行业以 5.05% 的平均速度增长；到 2021 年，市场规模将达到 3500 亿元，增速居全球之首。

3. 消费需求

（1）产品安全。

消费者购买化妆品时，最关注产品的安全问题。因此，要采取严格的品质鉴定措施，选用天然无害成分，保证制造过程卫生、专业，为产品贴上安全标签。

（2）功效需求。

当前化妆品的功效覆盖保湿、抗老、美白、祛痘、防晒等，功效卓越的产品越多，就越能吸引更多消费者。

（3）品牌共鸣。

将消费者与品牌联系起来，就要实现“品牌人格化”，使品牌与消费者建立长期联系，从而得到认同和肯定。

从2017年360大数据的调研结果来看，消费者对美妆产品的关注维度依次为产品、品牌、口碑、使用方法、品牌专卖，其中产品、口碑、使用方法这3项的关注度总和达65.7%。2014—2017年，产品功效关注度环比增速达70%，价格关注度环比增速下滑12.5%。

4. 竞争态势

电商和海外代购导致购买渠道发生变化，互联网信息接触渠道广，消费者被提前“催熟”。在新竞争环境下，美妆行业开始强调回归产品本质。同时，渠道驱动改革是美妆行业发展的另一大趋势，这让品牌和产品能被消费者更好地接触和感知。

韩后化妆品股份有限公司（以下简称“韩后”）集合资源、打破边界，汇集研发、品牌、生产各方，力求打造世界级美妆品牌，颠覆行业高倍率。为此，韩后进行了以下企业战略布局。

1. 两地协同

韩后总部仍驻广州，为存量市场，上海是增量市场。产品、供应链端侧重于广州，品牌侧重于上海，做“双栖动物”。

2. 平台研发

东方美谷是上海大健康产业的核心承载区，现已进入全速发展期。韩后推动产业链平台化，通过“韩后之光”入驻东方美谷，产生集群效应，建立行业协作新生态，同时致力于实现化妆品研发的“云化”。

3. 人才共享

韩后研发包括功能需求和情感需求两大概念，其“中妆研集”项目定位于做化妆品界的“药明康德”。在运行过程中，韩后以研发人员为核心，成果做到商业共享、扁平化利用，最终实现工程师受益和人才共享。

4. 品牌国际化

在“港沪通”作用下，韩后离开广州白云区，进驻珠江新城，再“抢滩”上海。依托东方美谷，韩后重点发展品牌、研发、企业管理、人才体系等方面。

1. 更新品牌定位

韩后旧的品牌定位为“天然植物护肤”，缺乏品牌个性和记忆度。新的品牌定位改为“精华嫩肤”，围绕“嫩”的功能利益点，从研发、成品到品牌推广进行全方位延展。

2. 提炼品牌内涵

韩后提出“敢”精神，融入企业家的精神色彩，并凝练成“年轻敢破界”的品牌内涵。具体为：年轻不只是年龄和无痕的面庞，更是态度、激情、独立和绽放自我。韩后围绕这一内涵，从品牌、产品、渠道、营销、跨界合作等层面多管齐下，用前沿的产品、创新的渠道、新奇的营销、好玩有个性的跨界共同支撑品牌实现“年轻敢破界”。

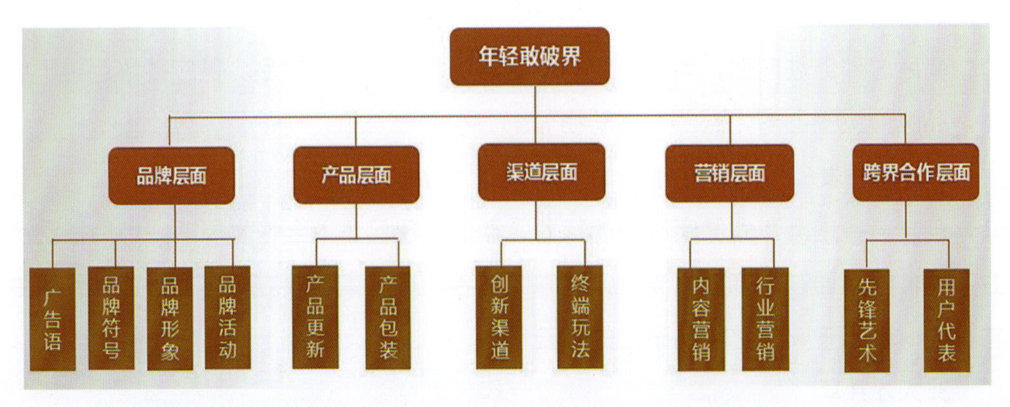

▲ “年轻敢破界”品牌内涵

3. 主打爆品战略

韩后围绕“嫩”定位进行产品线精简，重视产品品质，降低产品倍率，主打爆品战略，推出精华嫩肤、3 秒精华、防晒系列等产品。2017 年，韩后联合爱茉莉集团实现产品系列升级；聘请宝洁亚洲技术研发相关负责人参与研发，推出高端精华小嫩水。韩后注重推出品质佳、科技感强的产品，强化自身的品牌基调和产品质感。

4. 多维品牌营销

（1）节目赞助。

韩后斥资千万元与中国企业家杂志社展开合作，拉升了品牌形象，提升了品牌势能。

（2）签约代言人。

韩后选择某明星作为代言人，并进行深入合作，如植入代言人参与的电视剧《夜空中最闪亮的星》和综艺节目《这！就是街舞》，牵手其 2019 年演唱会等。

（3）韩后“9 · 19 妆嫩节”。

- 活动定位。“9 · 19 妆嫩节”卡位美妆行业盛典，目的是“拉拢”更多广州地区的美妆品牌，联合做成美妆行业的“双十一”，帮助韩后建立行业影响力，强化行业地位。
- 媒介策略。韩后在爆款产品“小嫩水”的基础上，不断围绕“嫩”做相关指数，推出更具功效和话题点的新产品；强化艺术家合作等话题，保持媒体热度。
- 服务经销商。韩后帮助经销商回收旧产品和销售新产品。“9 · 19 妆嫩节”是最大的终端动销节日，可以帮助韩后强化经销商信心，提升品牌销售效果。
- 大众互动。根据活动形式、优劣势与适用性，韩后结合自身实际需要，推出了面向大众的互动活动，由此传输品牌理念，让大众体验“韩后”的场景符号。具体活动包括音乐节、体育活动和主题嘉年华等。

在此案例中，韩后牵手“锦坤”完成了品牌升级。在文化上，韩后提出“敢”的精神，融入企业家精神色彩；在产品上，韩后进行产品线精简，提出爆品战略；在研发上，韩后“中妆妍集”项目落户东方美谷，强调产品走向功效，重视研发硬实力，以应对未来的国际竞争；在传播上，韩后斥资千万元与中国企业家杂志社展开合作，并与品牌代言人进行深入合作。

韩后准确洞察市场态势，大刀阔斧地改革产品线，将品牌做出了特色，不断凝练品牌内涵，汇聚资源，真正提升了其品牌认知度与好感度。韩后在研发、产品、营销方面多管齐下，围绕“嫩”的新定位实现了品牌创新升级。就单独因素而言，新定位有望帮助韩后实现百亿元级销售目标。

国金“造富节”：以活动 IP 沟通品牌核心价值

获奖单位：国金证券

项目简介

2019 年 8 月 6 日—9 月 8 日，国金证券“佣金宝”团队提炼出“造富”这一关键词，强力打造了“国金造富节”活动 IP，让“国金”与“造富”建立了强关联。同时，国金证券利用“七夕”、开学季、“8 · 18 券商理财节”等热点时间节点，通过造富寻宝图、造富带头人、造富研究院、造富联盟等活动，输出“佣金宝 5.0”是“有人的服务”这一理念，传递了以“更高品质证券服务”为投资者“造富”的品牌核心价值。

营销背景

2019 年，国金证券以“呈人之美”为主题，以专属服务人员、金牌投顾、明星分析师等“有人的服务”为突破口，升级上线“佣金宝 5.0”，夯实“更高品质证券服务”的产品认知。如何让客户感受“有人的服务”，认识到“高品质证券服务”的价值，成为营销团队亟须解决的问题。

- 巩固国金证券“佣金宝”“更高品质证券服务”的品牌定位，让客户进一步认识到“高品质证券服务”的核心价值。
- 引导客户体验国金证券“佣金宝”App 新升级的各项“有人的服务”，引导客户熟悉并认同相关服务思路，认知服务价值，带动相关业务增长。
- 扩大产品功能优势的影响力，获得市场更多关注，继而引发媒体及用户的主动传播，达到“国金”与“造富”在用户心智中产生强关联的目的。

1. 功能游戏化包装，玩转知识造富体验

为了吸引客户体验新升级的各项服务功能，国金证券“佣金宝”团队围绕“更高品质证券服务”这一产品认知，注重新奇、有趣的玩法体验和内容价值的情感输出。团队将“佣金宝”App 平台功能技巧通过“造富寻宝图”的打卡形式，引导客户参与，配以彩蛋等惊喜奖励，与客户进行趣味互动，刷新固有活动认知。同时，团队秉承“知识造富”的财富观，创意解读并包装平台优势投教资源——“国金证券研究所报告”，以浅显易懂、生动有趣的行文方式引导客户养成正确的理财观，借此提升品牌整体格局。

2. 主题紧跟热点节奏，创意大片应援加持

国金证券利用“造富节”期间“七夕”、开学季、“8 · 18 券商理财节”等热点时间节点进行创意宣传，引导投资者关注“造富节”，并形成“为不同年轻人造富”的品牌印象。

(1) 七夕节“为爱致富”。“造富节”历时 1 个月有余，在推广节奏上紧跟节日热点，推出“爱要朝朝暮暮，也要脱贫致富”系列主题宣传，在七夕节当天正式上线，立意“为爱致富”，创造“造富”情感类大片上映既视感，连同剧情版海报一并出街；同时联合“明星分析师”拍摄应援 VCR，进行上线前预热，制造活动噱头，引爆市场声量。

（2）开学季“知识造富”。国金证券结合 9 月开学季，从功能体验出发，塑造“知识造富”新时代“造富青年”的财富追求观，推出“玩趣版英文海报”“刷墙版大字报”“穿越版古风海报”等视觉冲击形象，以高曝光和新创意成功将“造富”概念植入大众品牌认知。

（3）理财节“造富联盟”。国金证券借力“8 · 18 券商理财节”，联合基金公司塑造“造富青年”新形象，宣扬理财新主张，将“选对了基金，好日子每天都过”的思想植入客户认知。

3. 合作知名品牌“大咖”，强强联合给力相助

国金证券深知“造富之路”非一人可达，需要借助更多外界的力量一同为“造富”发声。因此，国金创意宣传联合 10 家知名基金公司、多家银行，以及世纪佳缘、名片全能王等，推出了同一立意点、不同创意的营销活动。比如，延续“国金白皮书系列”，联合世纪佳缘和名片全能王，推出《2019 年适婚职场人证券理财白皮书》，在宣扬“爱要朝朝暮暮，也要脱贫致富”财富观的同时，突出学习、掌握理财技巧的重要性，以此成为男神 / 女神心中的“绩优股”；同时，国金证券在“8 · 18 券商理财节”期间利用基金公司的行业影响力，联合多家基金公司推出了“造富青年”系列海报，在引导“更高品质证券服务”的价值精髓之上，由浅入深，通过塑造不同故事场景，拉近与客户的心理距离，传达信任和可依靠的品牌形象。

“国金造富节”促进了客户对新升级功能的体验，并带来“佣金宝”App 下载量的增加。据统计，活动主页浏览量近 1000 万次，各类功能体验人数比活动前增加了 3 倍以上，“佣金宝”App 新增下载量近 5 万次。

在对国金证券业务的带动上，相比活动前的同时间周期，活动期间通过“佣金宝”App 开户的人数增长 119%，理财产品销量提升 24%，投顾服务的签约人数增长 76%。

更重要的是，国金证券以“国金造富节”为契机，使“国金”与“造富”形成了强品牌关联，“造富”初步成为国金证券专属品牌联想，品牌核心价值得到了客户的进一步认同。

国金证券通过造富寻宝图、造富带头人、造富研究院、造富联盟等活动，将“呈人之美”这一核心理念以多重方式展开，并根据细分群体特征，为每一个子传播项目进行了针对性设计。除了推出精选产品和服务，国金证券还瞄准投资者教育，为大众科普了投资理财知识。国金证券此次营销项目逻辑清晰流畅、诉求点鲜明到位，寓教于乐的表现方式也精彩纷呈，因此形成了营销传播的强大合力。

单项奖·杰出新媒体营销推广奖

“V 浪奖”——2018 年微博短视频商业大赛

获奖单位：微博

2018 年，短视频热潮持续升温，微博内容商业联盟发起“V 浪奖”——微博短视频商业大赛，由“立白”冠名发布短视频命题，甄选 50 家行业领先短视频 MCN（多渠道网络服务）机构倾情参与。从脚本筛选、创意沟通到视频制作，10 位 TMA（行业权威赛事机构）专业评审全程联合细致指导，最终精选出 10 支参赛视频进行线上 Battle（较量）。微博开机报头、发现页 Banner（横幅）、热搜榜等商业资源全力助力大赛，使 MCN 机构创新大作掀动全网，点燃了粉丝的关注度，引爆了商业价值，也为冠名品牌“立白”带来了更高的品牌热度及好感度。

1. 行业环境

根据艾瑞咨询发布的报告，2017 年，我国短视频行业市场规模达 57.3 亿元，同比增长 183.9%；预计 2020 年市场规模将超过 300 亿元。另外，短视频 MCN 机构数量也持续增加，2018 年达 3300 家，是 MCN 市场的“主力军”。

2. 渠道优势

微博作为国内最大的自媒体平台，在扶植 MCN 的道路上步履不停：2016 年 5 月，进行 MCN 管理系统内测；2017 年 5 月，正式发布垂直 MCN 合作计划；2017 年 6 月，与多家 MCN 成立“创作者联盟”；2018 年，变现 300 亿元；目前已与超过 1700 家机构展开合作。

微博作为媒体化、社会化、融合化的开放式传播平台，连接了品牌和消费者。在内容方面，微博已覆盖 2.8 万名娱乐明星、2100 家合作机构、60 个垂直兴趣领域、500 多个合作 IP 节目；同时，微博还拥有 4.31 亿月活跃用户和 150 万家认证企业和组织，为它们提供基于用户深度参与的信息获取和营销环境。

3. 品牌痛点

品牌在原生短视频营销中存在着长期的困惑和挑战：

第一，如何找到最懂粉丝和最会玩社交的短视频 MCN 并与之合作？

第二，如何让品牌的原声视频广告兼顾创意表达与商业植入？

第三，如何让品牌短视频除曝光外更能占领心智，建立与用户的情感共鸣？

第四，如何快速造势、集结声量，打造全网参与热议的热点大事件？

基于以上困惑和挑战，2018 年微博短视频商业大赛助力品牌主“立白”实现了“广告即内容”的社交突围。

1. 大赛启动：50 家 MCN 机构参赛提交脚本

微博与 TMA 联合发起大赛，邀请 50 家顶尖 MCN 机构参赛，由 TMA 组建行业评审团。“立白”以广告主身份发布命题，借势吸引行业关注。

2. 竞争升级：10 家 MCN 机构为品牌制作创意短片

微博和 TMA 组织初审和复审，从报名的创意脚本中甄选 10 家 MCN 机构入围投入制作。10 支短片卖点植入精确易达，有的使用人格化表达手法，有的进行产品测评与效果对比，综合提升了品牌形象，并在视频中使用了统一落版。

另外，“立白”拥有终审一票否决权，确保了作品符合品牌价值观。

3. 声量收割：全网用户参与热议和评选

10 支视频面向全网进行传播，以实际播放量决出前 3 名，分别获得 100 万元、50 万元、25 万元现金大奖。品牌借机造势，收割社交资产，以主人翁身份将活动与创意作品沉淀为自身品牌资产。

1. 预热阶段

微博以接收命题卡、预热海报、视频、微博故事等形式吸引粉丝注意，丰富大赛细节，赚足眼球和关注，为引爆大赛埋下了伏笔。

2. 引爆阶段

视频上线当天，微博商业资源全线伴随，通过开机报头、发现页 Banner、热搜榜单、热搜话题、粉丝头条、品牌速递、双话题页等全维度的广告资源引爆全网；从用户打开微博那一刻开始便贯穿其社交路径，实现了全面覆盖。

3. 燃动阶段

微博通过拉票视频、“大 V”转发形成 MCN 矩阵，引发全网热议，缔造了品牌热点事件，持续带动大赛热度。

4. 巅峰阶段

该营销项目利用 2018 年“Social First”微博影响力营销峰会、TMA 移动营销大赏两次颁奖的高光时刻，将大赛持续推上了巅峰。

1. 曝光效果

通过开机报头、发现页 Banner、热搜榜单、热搜话题、粉丝头条、品牌速递、专题聚合页等多种内容呈现形式，大赛总曝光量达 8.6 亿次。另外，微博双话题页阅读量达 5.6 亿次，视频总播放量达 4138 万次。

2. 销售效果

大赛为品牌电商导流效果显著，提升了消费者的忠诚度。立白官方公开数据显示，立白京东自营旗舰店在 2018 年 10 月 24 日的销售额较 2018 年“6 · 18”暴涨 418%，并创造了“立白”有史以来单一电商单日销售最高纪录。在项目前后对“立白”及立白皂液进行的调研结果显示，受众对于“立白”的品牌喜爱度提升了 67.3%，对立白天然皂液购买意愿提升了 52.7%。

3. 品牌关注度

“立白”微指数在 2018 年 10 月 18 日达到 3 个月的峰值，环比增长 2756.6%，并在 2018 年 10 月 19—27 日保持了热度。从 2018 年 10 月 18 日开始，“立白”微指数大幅超越主要竞品微指数。

4. 涨粉效果

立白官微粉丝数量从 2018 年 10 月 18 日开始持续增长。由立白官微粉丝构成可以看出，从 2018 年 10 月 18 日开始，互动非粉粉丝数量大幅增加，大赛为品牌持续吸纳了新的潜在粉丝。

“V 浪奖”是微博内容商业联盟首次以品牌命题为方向，为 MCN 创作者量身打造的短视频广告专业赛事活动，旨在探索短视频的商业价值，发掘短视频“广告即内容”社交突围的新思维、新方法，推动短视频广告与品牌社会化营销的变革。该营销项目以大赛的形式吸引内容创作者的参与，以更具社交属性的内容迎合用户

的喜爱，大大激发了粉丝短视频的创作热情和“大 V”的传播热度。专业评审团的加入既保障了大赛的公平、公正性，也提高了参赛作品的质量。开机报头、发现页 Banner、热搜榜、粉丝通、品牌速递等广告资源的配合，持续推高了大赛线上 7 天鏖战的热度，为品牌主、MCN 机构创造了新的传播营地。这不仅是一次全新的消费者互动探索，而且是一次塑造品牌本能美的深度实践，多赢格局的形成当属情理之中。

单项奖·杰出大数据整合营销奖

答案大数据为快消品牌商传统渠道数字化转型寻找答案

获奖单位：天津答案科技有限公司

1. 渠道分析

京东是中国目前的电商巨头，其创立于 1998 年，并于 2014 年 5 月成功在美国纳斯达克证券交易所挂牌上市。京东新通路是京东集团内部承接“火车头 1 号”项目的事业部，为全国中小门店供货，目前覆盖门店达到 100 万家，是发展较好的几家自营 B2B 平台之一。

2. 品牌方分析

可口可乐不仅是饮料界的翘楚，而且是一家百年企业。2016 年，“可口可乐”位列全球 100 大最具价值品牌榜第 3 名，其旗下产品不仅品类丰富，而且销售量巨大，在中国每天约有 1.5 亿杯饮料被消费。

2018 年 6 月，可口可乐（中国）、中粮可口可乐与京东新通路三方签订战略合作协议。2018 年 10 月，京东新通路、可口可乐（中国）、太古饮料之间也达成合作意向，三方承诺将在大数据等方面联合进行更多探索。

3. 数据方分析

中国快消品市场体量巨大，目前的规模约 10 万亿元，不仅孕育出了蒙牛、伊利、康师傅、统一等传统零食巨头，近年来也诞生了三只松鼠、百草味等新零售企业。

与巨量市场相配套的是复杂的快消链条。从整体看，快消链条主要为品牌商—厂商—经销商—分销商—终端门店—消费者。由于现实情况复杂，快消链条具体又可划分为 KA（重要客户）、批发市场、电商等多种类型。针对各类渠道及渠道上的每个节点，整个市场的决策者、品牌商都需要获得相应的数据支持。

正是基于这种现实需求，众多数据公司活跃在快消品渠道监测领域，包括提供天猫、京东等 To C（对消费者）渠道监测的数据威、Clavis 等，提供零售门店数据货架监测的 Trax，以及传统的市场调研公司尼尔森、凯度等。这些数据公司从自身切入点着手，成为外界了解整个快消市场的“眼睛”。

尽管已经与京东新通路等 B2B 渠道方达成了数据方面的合作，但可口可乐等品牌商却还有一些基本问题没有得到解决：自己的产品在渠道上究竟表现如何？是否得到足够多的曝光？能否及时补货？线上销售是否遵照基本指导价的要求？出于种种原因，品牌方无法得到详细且及时的相关数据支持。这种情况也发生在品牌方与百世店加、易久批、美菜网等其他 B2B 渠道的合作中。

为了帮助可口可乐中国总部对 B2B 渠道进行实时监控，天津答案科技有限公司（以下称“答案大数据”）建立了一套完整的数据监控模型，帮助可口可乐（中国）实时了解产品在不同渠道上的铺货、在售及促销活动表现，同时第一时间了解各渠道价盘，及时通知对应省份优化行动方案，做到全国数据情况尽在掌握。

HQ.Q-Digital 是“答案大数据”通过整合、分析多年积累的快消品渠道数据所

开发的一款 BI（商务智能）产品，通过在线报告的方式为品牌商提供快消品 B2B 渠道监测反馈，包括价格、铺货、库存、陈列、活动等多个维度的内容。

前两个字母 HQ 意为 High Quality（高质量），指行业最高质量的数据服务。

其余字母也都具有各自的含义：

- Q：Query，即需求，满足用户、客户和行业的多样化需求，同时保证数据的精准和独立。
- D：Deep-insight，即深度洞察，监控的商品类目涵盖 14 个一级类目和 92 个二级类目，能够充分满足快消品牌商产品多样化的需要。
- I：Intelligence，即智能系统，清理不规则数据，建立图片识别辅助判定。
- G：Guru，即行业专家，数据解读团队来自尼尔森等一线咨询公司。
- I: Independence，即独立且中立，数据的整个采集过程完全中立，价格信息完全真实。
- T: Teamwork，即数据来源多样化，除合作渠道数据外，还包括行业、品牌方等多种相关数据。
- A：Accurate，即数据精准，包括完善的错误采集、处理、预警机制，以及成熟的反爬机制。
- L：Live，即数据实时监测与反馈。

目前，HQ.Q-Digital 已经在快消品牌商主要负责人中建立起了较高的知名度，购买该产品的包括可口可乐等知名公司，同时百威、联合利华、金佰利等公司都在接洽之中。客户对 HQ.Q-Digital 的产品服务均给予较高评价，认为这款产品能够帮助他们了解到自己产品的实际渠道表现。

首先，HQ.Q-Digital 目前的主要监测对象为近年来新兴的渠道快消品 B2B 平台，并在这一细分领域有着多年的数据积累。

“答案大数据”的数据抓取始于 2016 年，在其他同行选择 To C 电商作为主要的数据源时，“答案大数据”就将目光投向了传统渠道，并选择抓取难度较高，但是价值更大、数据量更大的快消 B2B 作为主攻方向。

目前，“答案大数据”纳入监测范围的快消品 B2B 电商有近百家，不仅包括京东新通路、美菜网、易久批等全国性质的快消电商，而且涵盖店达、果亲王、蓉城易购等区域 B2B 电商，几乎包括了目前所有的 To B（对企业）电商。

与 To C 电商不同，To B 电商会在各个城市建立自己的仓库，各个区域经营策略也较独立，因此“答案大数据”从城市出发，在全国几十个一、二线城市建立了自己的监测点，以了解每个 To B 电商在各个城市的动态。

“答案大数据”对数据的准确性和即时性有着更高的要求。不同于其他数据监测公司仅仅将数据用于咨询分析，“答案大数据”的数据源还有着更加丰富的使用场景，为杂货铺进货比价工具——“货比三价”提供数据支持。

“答案大数据”抓取的 To B 电商其实也作为“货比三价”的供货商存在。因此，抓取到的商品价格信息必须及时、准确 , 才能够满足杂货铺、便利店老板们下单的需求。

目前，“答案大数据”不仅收集在线化的 B2B 渠道商品信息，而且帮助传统渠道上的经销商、批发商逐步实现数字化、线上化。未来，“答案大数据”将把线下批发部的信息也汇入 HQ.Q-Digital，成为整个传统渠道监控的重要组成部分。

营销策略及成效

一款 To B 的数字产品推向市场之初 , 必然面临建立公信力和权威性的难题。与其他数据公司频繁参与行业会议、制作纪念品、组织线下沙龙等“刷脸式”营销不同，“答案大数据”选择通过“行业报告”这种“慢”方法来建立自己的公信力。这种打造公信力的行为甚至早于产品的搭建。

2016—2019 年，在每月第一个周三，“答案大数据”都会发布快消领域的行业报告，从未间断。从“全国快消品 B2B 电商盘点”到“最受欢迎的快消品品牌”，从“夫妻店 PK 便利店”到“方便面市场发展”，“答案大数据”始终紧跟社会热点，通过解读数据帮助人们加深对快消行业的理解和认识，通过挖掘数据为快消界提供“答案”。

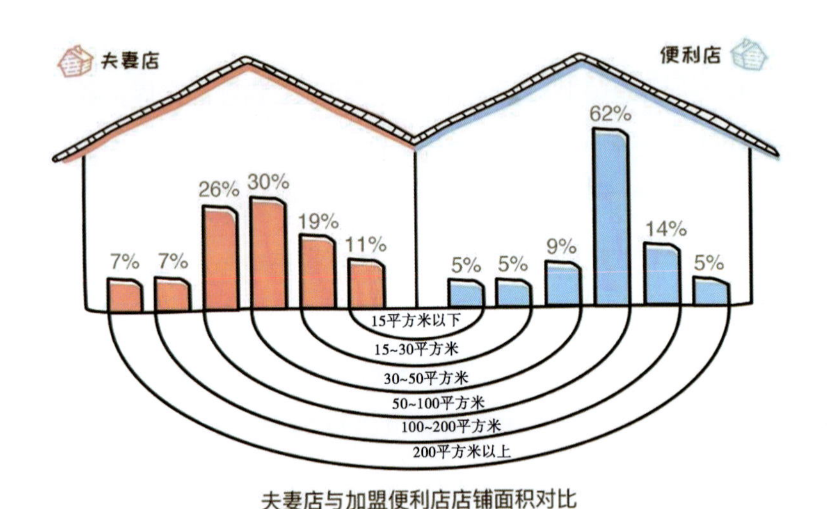

▲ “答案大数据”发布的监测数据

正是由于这种坚持，“答案大数据”逐步扩大了自己的品牌影响力，相关报告也多次被《北京日报》《新快报》《齐鲁晚报》等权威媒体引用。“答案大数据”也由此进入多家快消品牌商的视野，并为接下来的产品推广打下了基础。

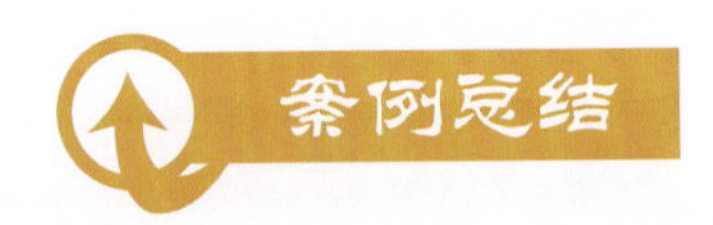

“答案大数据”将目光投向 To B 渠道数据分析，在难度大、价值高的这一领域深耕细作，为品牌方提供详细、动态、实时的数据服务，这是在精准洞察行业痛点和未来发展趋势的基础上所做出的明智选择。事实证明，“答案大数据”能够明显助力企业发展，为企业营销方案提供可靠的数据支持，实时调整渠道供货方案，帮助企业实现利润最大化。

在营销方面，“答案大数据”本着真诚、踏实的态度，将月度行业报告作为与外界品牌方、媒体、大众交流的方式，用作品说话，真正做到“产品即实力”，令人真切感受到它的专业性和可靠度。这一方面增强了企业的公益属性，提升了社会美誉度；另一方面，也为企业提供了不可多得的宣传机会。

数据驱动整合营销："滋源"引领国货升级新探索

获奖单位：滋源、阿里妈妈

"滋源"是无硅油市场第一品牌，但内有"饿狼"、外有"猛虎"，面临如下危机。

1. 无硅油市场受到挤压

长期以来，"滋源"一直在中国无硅油市场占据着最大的市场份额，但 2017 年下半年之后，各种国际品牌纷纷在无硅油市场发力，同时"植观"等新锐品牌以氨基酸或香氛等切入新的细分市场，"滋源"的地位岌岌可危。

2. 年轻消费者流失严重

阿里妈妈的大数据洞察显示，"滋源"品牌的"90 后""95 后"消费者流失严重，大部分浏览该品牌的人转向购买"施华蔻"等核心竞品。

3. 日销量亟待提升

天猫后台数据显示，相比洗发水行业其他品牌，"滋源"的大促占比高出 20%，意味着品种过分依赖大促。而近两年洗发水市场的消费升级明显，因此"滋源"需提高日销量占比。

（1）目标：顺利实现转型，成为引领国货的新潮流品牌。

（2）面临的具体挑战。

- 数据能力薄弱。"滋源"是传统国货，没有 ISV（独立软件开发商）等数据服务公司的支撑，对数据的敏感度及运用能力不足。
- 沟通话术老化。与其他竞品相比，"滋源"明显缺乏能让消费者产生情感共鸣的"右脑思维"，转型势在必行，但阻力不小。
- 产品创新难度大。"滋源"并非纯靠电商的新锐品牌，其线下也有较大的市场份额。面对市场渠道压力大等情况，"滋源"创新推出一款让消费者眼前一亮的"尖货"的可能性很低。

1. 突破点

在新零售时代，得数据者得未来。第一，"滋源"携手阿里妈妈，通过"阿里妈妈 +IP"双重赋能，指导品牌大数据运用及投放，让自身成为最懂得使用数据资产的公司之一。第二，"滋源"与大 IP 合作推出爆款，通过内容创意 + 大数据赋能 + 全链路生态串联的"铁三角"，全方位抢占核心人群心智，成功转型为年轻化的公司。

2. 项目创意

（1）策略先行。

"滋源"找准趋势市场的主要特征，通过大数据深入研究 80 ～ 100 元高价洗发水市场的年轻人的喜好。"滋源"将"美""防脱"设定为年轻化沟通的主调，把"无硅油"进行具象化表达，即"颜值看发量"。

（2）节目植入。

"滋源"与《这！就是歌唱·对唱季》深度联合，获得"心跳时刻"、独家预告和"超人气学员"等超过总冠名权益的 7 条创意中插。

（3）整合营销与节目串联。

"滋源"打造首个 IP 人群全链路回流"数据银行"品牌，助力品牌打通 10 个阿里超级媒体矩阵 BU（业务单元），实现全域生意落地。

（4）创新赋能。

“滋源”将线上线下串联起来，彻底改变自身与年轻消费者的对话方式，刮起年轻网红感新零售营销的风暴。

（5）数据护航。

“滋源”通过大数据全链路赋能，将 IP 千万级人群全量回流全品牌“数据银行”，转化为品牌资产。

（1）“滋源”新增消费者中年轻人比例显著提升，尤其是 18 ～ 24 岁消费者人群比例提升了 8%。

（2）“滋源”从家庭人群中吸引到更多年轻“小姐姐”，年轻消费者的标签愈加鲜明。

（3）节目内容 + 淘宝内生态资源带动消费者总量增长，使“滋源”覆盖超过 1.9 亿用户，稳居个护行业活跃消费者量级的前列。

（4）淘宝生态系统内部二次运营，高效转化品牌资产。项目期间，“滋源”针对沉淀消费者在淘内进行二次触达，8 轮营销投放效能总体持续递增，其中品牌新客占比平均维持在 65% 以上，新客中的 50% 是从未在天猫购买过洗发水的用户。

（5）整合营销方式，使纯 IP 效能显著提升。与纯 IP 触达人群相比，IP+ 淘内二次运营人群的搜索、收藏、加购、购买率提高了 2 ～ 3 倍。

（6）品牌数据能力显著提升。品牌覆盖用户全量导入 + 二次追踪运营助力“滋源”品牌“路转潜”提效 5 倍、“潜转客”提效 2 倍。

（7）“滋源”粉丝量及粉丝活跃率实现反超，夺取了 2018 年“双十一”期间洗发水类目第 1 名。

（8）二次运营使细分市场表现突出。“滋源”主动出击对潜在客户做二次运营，在行业中抢先完成细分市场人群的积累转化，使多个产品成为“双十一”促销期间的“种草”趋势单品。

（9）“滋源”淘内免费流量、搜索成交率提升显著。

（10）“滋源”联动天猫多项资源，引爆多个淘内节点，带动淘内生意显著提升。

营销传播效果

1. 销售贡献

项目期间，“滋源”品牌电商成交人数同比增长 60%，CP 礼盒仅上线 1 分钟便售出 1.5 万套；屈臣氏 6000 家门店同步曝光，6 个城市开展 8 场节目人气选手见面会，线下增长远远超出预期。

2. 品牌贡献

项目期间，“滋源”消费者品牌资产增加 6000 万元，是联手节目之前的 6 倍，达到行业领先水平。粉丝活跃率比 2018 年上半年增长 150% 以上，粉丝量和活跃度是同品类第一品牌的 3 倍，拉动粉丝超 200 万人，是 2018 年“双十一”天猫粉丝量前 10 位中唯一的国货个护店铺。85% 的“双十一”成交客户来源于 2018 年 8—10 月的项目积累（超过行业同期平均水平 30 个百分点），仅“双十一”一天就产生了 49 万个成交新客。

3. 用户关系

节目期间，“滋源”新客占比维持在 65% 以上，后链路互动率整体提升了 70%。“滋源”品牌成功实现年轻化转型，18 ～ 24 岁购买群体占比提升了 8%（占全品牌的 33%，赶超竞品）。

4. 传播力

节目播放量达 12 亿次，豆瓣评分达 7.2（为同期音乐节目最高分）；弹幕互动率为 3.5%（超过优酷站内节目平均互动率）；微博相关话题阅读量达 46 亿次；品牌广告曝光量超过 10 亿次，覆盖近 2 亿人，超过 500 万名节目收看者与品牌产生深度互动。

在本案例中，“滋源”通过与阿里系和人气音乐节目的深度联动，用 IP 全链路营销盘活阿里巴巴生态系统，将节目人群全部回流至“数据银行”，且在淘内精准切分、精准沟通、精准收割，同时还带动了“滋源”线上线下的多渠道销售节点。这一方面做到了客户数据资产沉淀，另一方面切实提升了销售效果。从前期策略指导话术到整体数据沉淀二次运营，“滋源”成了熟练使用大数据资产的第一梯队企业，项目运作的思路、过程、技术等对国货的转型升级具有重要的示范意义。

杰出品牌营销奖·公益行动奖

王老吉 × 三公仔“做好孩子‘第一任医生’”公益营销

获奖单位：王老吉药业、北京嘉利智联营销管理股份有限公司

2009 年，王老吉药业（以下简称“王老吉”）“爱子有方”公益项目诞生。此后，王老吉获得 2010 年中国“最佳爱心单位”称号，又于 2013 年联合中国关心下一代工作委员会、南方医药经济研究所发布了全国首部《儿童用药安全调查报告白皮书》。三公仔在 2017 年荣获“网友最信赖的儿药品牌”称号。9 年之间，“爱子有方”公益项目通过“育儿大讲堂”“启智绘画大赛”“免费兑换儿童过期药品”“用药安全教育”“亲子万人牵手真人画助力中国奥运健儿”“助建山区儿童之家”“线上育儿微课堂”“儿童心理咨询室创建”“专家网红课堂”，以及捐赠图书、学习用品、游乐设置等活动，在儿童用药安全、儿童身心健康领域影响了全国家庭及妈妈的育儿观念，保障了数十万孩子的健康成长。

在长期的运作中，“爱子有方”公益项目逐渐成熟，但也慢慢出现了一些问题。例如，“爱子有方”的公益诉求与产品去火功能利益诉求关联度不够，不能很好地体现产品特点和促进产品销售。又如，活动主题偏于传统，没有抓住时下父母最关心的痛点，无法引起深度共鸣。

王老吉将此次营销传播的目标设定为“创新”，其中主要包含两项课题。

（1）IP 活化，拓新方向。王老吉在项目成立 10 周年之际，结合时下社会舆论热点，着重于品牌美誉度的提升和六大产品信息的普及。

（2）以新利益点促进销售。王老吉通过受众扫描，研究用户痛点，寻找公益项目利益点，提出解决方案，带动销售。

（1）相比 2010 年，现在孩子带给父母的压力更大了。“小孩看病难”已经成为父母在育儿方面最为焦心的问题之一。

（2）资源紧缺背后，让小孩看病更难的家庭内因是什么？是父母缺乏儿童常见病症判断常识和儿童用药安全常识。因此，亟须向父母普及科学、专业的儿童预诊及用药常识。

（3）在网上四处蔓延的儿童症状和用药常识信息中，80% 存在不权威、错误、分散、专业难懂的问题，一些儿童药品牌只重视观念教育，而忽视方法普及。

洞察小结：在家长层面，普遍存在盲目就医、盲目用药现象及焦虑感；在社会层面，缺乏有效的科普教育和安全感。儿童医药公益品牌的机会应在于普及科学、专业的儿童健康预诊及用药常识教育。

北京嘉利智联营销管理股份有限公司（以下简称“嘉利公关”）基于用户的痛点洞察，准确提炼出家长的“盲目就医”“盲目用药”正是造成“小孩看病难”的关键内因，进而提出“做好孩子‘第一任医生’”的主题倡议。这既能把握住儿药

产品的机会缺口，又能很好地丰富“三公仔 · 爱子有方”公益项目的品牌内涵。此主题可分 3 个部分加以解读：

（1）做好孩子“第一任医生”，让父母拥有判断孩子常见病症的能力。

（2）做好孩子“第一任医生”，让父母拥有选择科学、合理用好儿童药的能力，注重儿童用药安全。

（3）做好孩子“第一任医生”，让父母知道“三公仔 · 爱子有方”公益项目是孩子和“第一任医生”的守护者。

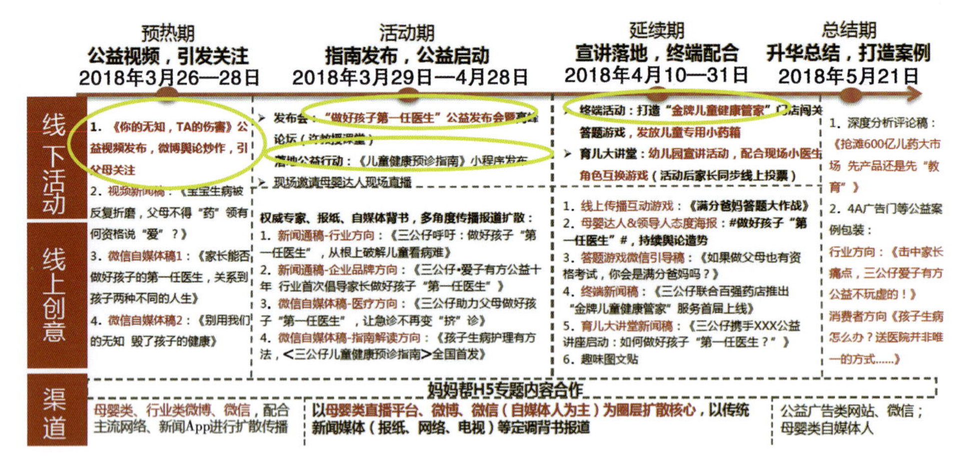

▲ “三公仔 · 爱子有方”公益项目营销路线图

1. 公益视频

“三公仔 · 爱子有方”项目制作并传播了《你的无知，TA 的伤害》公益视频。该视频描述了 3 位妈妈护儿心切，因不懂得儿童医护与用药常识而对孩子造成伤害的情况，以此达到警示效果，帮助父母树立“做好孩子‘第一任医生’”的意识。

该公益视频在四大平台强势曝光，播出后的二次传播效果显著，评论及转发超过 1 万人次。

2. 公益主题发布会

“三公仔·爱子有方”公益活动上线启动，邀请权威人士参与背书，该公益项目联合海王星辰、大森林大药房终端打造“金牌儿童健康管家”，为家长解答相关病症疑问及到店儿童用药指导。家长可通过“儿童健康预诊指南”小程序定位寻找线下“首席儿童健康管家”；同时为线下门店引流，促进销售。

3. 线上行动：打造真正为民所用的“儿童健康预诊指南”小程序

“三公仔·爱子有方”公益项目联合业内权威医生共同撰写、论证《儿童健康预诊指南》。同时，该项目开发了相应的小程序，为广大父母打造简单、易懂、易存的儿童常见病症的科普指南，内容主要包括：儿童常见病护理指南、儿童用药专区、儿童健康管家预约、满分爸妈百万答题“大作战”。对于家长来说，科普指南可以缓解孩子看病难问题，满足他们获取儿童常见病症辨别和护理常识的需求；对于品牌而言，科普指南可打通终端、引流到店，形成销售闭环。

4. 线下公益活动

“三公仔·爱子有方”把“做好孩子‘第一任医生’”育儿课堂推进广州天河区某幼儿园，特邀广东省知名儿科医生到场宣讲，向家长传授儿童护理知识，帮助家长树立科学护理、安全用药的意识。家长反应热烈，表示对“做好孩子‘第一任医生’”的观点十分认同，参加讲座后对孩子的健康护理也更有信心。

（1）“三公仔·爱子有方”公益项目共获得151家全媒体渠道发布，文章数量达500多篇，总曝光量超1亿次（不含电视媒体曝光量）。

（2）公益行动上线不到3天，“儿童健康预诊指南”小程序就累积了1.8万用户、累积访问量超61万次。这两项数据在活动结束后依旧不断增长。

（3）公益项目不仅塑造了品牌形象，而且大大提升了转化率。公益活动期间，王老吉销量增长了945%。

孩子不懂保护自己，作为孩子生活的打理者，父母自然是孩子的第一调养人。如何进行科学的药物治疗？如何做好生活料理？什么症状该吃什么药，什么时候吃药，吃什么药好？只有父母意识到自己要学会预诊常识，做好孩子的第一调养人，才能做出正确的判断，减免小病大治、“看病难”等问题。幼小的孩子不会表达，作为和孩子接触最多的人，父母自然是他们的第一防护人。父母需要准确判断孩子的病症，给予医生适当的提醒，避免误诊。

此案例的发起方和策划方充分认识到了这些痛点、难点，在王老吉“三公仔·爱子有方”公益项目开展 10 周年之际，不仅创新发布了“儿童健康预诊指南”小程序，而且联动线下门店推出“金牌儿童健康管家”等服务，形成了公益生态营销闭环，实现了对药店终端、校园教育、生活社区三大目标场景的精准覆盖，有效触达家长人群并带动产品销售。这既把握住了儿药产品的机会缺口，又丰富了医药医疗类公益项目的品牌内涵，其思路与做法有效、完整，值得参考、借鉴。

贝店恩施土豆销量创吉尼斯世界纪录活动

获奖单位：杭州贝佳电子商务有限公司

项目简介

湖北省恩施土家族苗族自治州（以下简称“恩施”）曾是特困地区之一。恩施是湖北省和武陵山区最大的土豆主产区，土豆常年种植面积约 10 万平方米（超过 150 万亩），土豆年产量约 160 万吨。土豆是恩施种植面积和产量最大的农作物，也是当地农民的重要收入来源。2019 年，一阵扶贫公益的春风吹过这片传统地域，恩施土豆、腊肉等特色农产品从名不见经传的“小透明”成为“网红抢手货”，恩施人民也迈向了脱贫致富的道路。

2019 年 8 月 22 日零时，在吉尼斯世界纪录认证官的见证下，社交电商平台贝店“24 小时单一网上平台销售最多的土豆”吉尼斯世界纪录称号的挑战正式启动。最终，贝店以 24 小时销售 298 329.5 千克土豆的成绩，成功创造了助农扶贫的吉尼斯世界纪录，这也是中国首个土豆吉尼斯世界纪录荣誉。此次活动是社交电商平台贝店进行电商扶贫的一次新试验和新突破，利用“社交电商 + 吉尼斯世界纪录”有效地助推了恩施富硒土豆销量和当地电子商务产业的发展。

项目背景

1. 国家对精准扶贫的政策引导

电子商务扶贫是一种新型的扶贫模式。我国正在大力推行电商扶贫政策，要求各地积极发挥互联网在助推脱贫攻坚中的作用，推进精准扶贫、精准脱贫，让更多困难群众用上互联网，让农产品通过互联网走出乡村。国家鼓励各类市场主体利用“互联网 +”技术，依托电子商务业态，为贫困地区提供农产品产销对接、乡村旅游宣传推介及休闲农业等一系列服务。

2. 电商平台对下沉市场资源的不断挖掘

伴随着社交电商的迅猛发展，快手、抖音及其他各大电商平台不断对下沉市场的资源进行深入发掘，乡村网红达人在社交平台脱颖而出，形成极强的带货能力，下沉市场的特色商业资源潜力也得到了释放。在国家政策、平台信用和关键意见领袖的共同作用下，消费者和下沉市场产品之间搭建起了品质消费的桥梁。

1. 提升贝店品牌价值，加深品牌形象

贝店在两周年庆期间创造一项扶贫吉尼斯世界纪录，为周年庆进行蓄势。同时，在国家扶贫政策的引导下，贝店通过此次活动提升品牌价值、强化品牌形象；给消费者提供“好货底价”的实在利益，为消费者带来新的消费体验和优质的服务；在给店主提供优质产品和利润的同时，为店主带来认同感和自我荣誉感的提升。

2. 帮助恩施农民脱贫致富

本次活动帮助湖北恩施农民推广土豆，提高恩施土豆销量，增加当地农民的收入，与广大消费者一起，践行贝店“让更多人过上更好生活”的企业使命，真正实现扶贫助农。

二～五线城市的“70 后”“80 后”“90 后”家庭网购人群（以女性用户为主）是此次营销的主要对象。此类人群月收入在中等水平，网购类目偏好生鲜、果蔬，单品价格段偏好集中在 50 元以下，健康和性价比是影响其购买决策的两大因素。

在社交网络时代，单纯的打折减价显然已经无法满足用户多元化的需求，用户对内容、参与感的需求越来越强烈，有更多社交话题性和参与感的体验式营销更容易得到用户的青睐。

1. 媒体策略

贝店全面布局线上和线下渠道，利用熟人社交网络触达、站内大曝光开放售卖、线下活动、KOC（关键意见消费者）微信社群等媒体策略，实现“流量 + 品牌 + 效果”的一气呵成。

站内流量利用首页大曝光资源进行强势推广，并实施用户拦截，同时通过本身 SKU（库存量单位）属性特征，匹配相应的渠道，进行精细化定向触达，实现效果收口；站外除了利用官方媒介、权威媒体进行追踪报道、传播，更充分地发挥社交电商的优势，利用微信、达人直播、KOC 微信社群等渠道，以及平台高管联合“打 call”，步步紧扣，持续造势。预热期间，项目一直保持较高的网络曝光率，为最终的转化蓄力。

2. 创意策略

- 嫁接 IP：将普遍的销售事件和社会热点事件——创造吉尼斯世界纪录相结合。把单纯的“销售 - 购买”形式升级为全民参与、全民共创。
- KOL 造势：利用头部店主达人原厂地溯源直播、KOC 社群动员、高管“打 call”等方式持续预热造势。
- 借力政府，深化品控：贝店与恩施政府一起，动员当地的农业合作社组织农民备货，同时派出工作人员到恩施当地收集种植、存储环境、采挖、筛选、包装等相关过程的图片、视频等各种卖货素材，对产品和活动进行策划包装，并且得到了当地政府视频“打 call”支持。

挑战日前 15 天：贝店与恩施当地的农业合作社组织农民备货，同时派出工作人员到恩施当地收集种植、存储环境、采挖、筛选、包装等项目过程的图片、视频等各种卖货素材，对产品和活动进行策划包装。

- 挑战日前 7 天：海报、视频、微信稿等陆续出街，由关键意见领袖分享至微信朋友圈。
- 挑战日前 1 天：大店主在原产地恩施线下开展直播活动。
- 挑战日当天：由贝店高管进行直播，不到 1 分钟就达成 1 万个订单，不到 6 小时即完成挑战目标。
- 挑战日后 1 天：举行线下授权认证仪式，吉尼斯官方认证官授予贝店吉尼斯世界纪录证书。

1 分钟，1 万个订单涌入，约 3.5 万千克土豆卖出；3 分钟，2 万个订单交易完成，约 7 万千克土豆售出；6 小时 18 分，约 20 万千克土豆完成交易，达到了“24 小时单一网上平台销售最多的土豆”吉尼斯世界纪录称号的要求数量，且活动当天 SKU 的整体转化率提升了 1 倍。

此次活动整体传播量超百万次，受到了主流媒体的关注，得到了相关政府部门的高度评价。

贝店举办的“24 小时单一网上平台销售最多的土豆”活动，充分利用社交电商特性，成功打造了一个新的“爆款”——恩施土豆。在社交电商的不断蓄力与集

中爆发下，短短 6 个多小时即售空了约 20 万千克土豆；以吉尼斯世界纪录这个大 IP 为助力，使消费者在购物的同时，也参与了一项全民创造纪录的狂欢。无论是销量还是传播力，此次活动都收获了超预期的效果，成功将销售事件做成了营销事件，并且最终达到了品效合一。

更为重要的是，此次活动是电商扶贫的一次新试验、新突破。贝店利用“社交电商 + 吉尼斯世界纪录”的组合模式进行精准扶贫，在提升当地农副产品销量的同时，达成了吉尼斯世界纪录，为恩施土豆又添一张国际化的新名片，对打造“恩施土豆”品牌的地理标志大有裨益。

招商银行“金葵花在行动”金融消费服务升级公益工程

获奖单位：招商银行

1. 理财乱象频出，引发公共事件

从 2017 年 12 月 27 日某知名网贷平台“爆雷”开始，P2P（点对点网络借款）平台“事故”频发，网贷理财成为重灾区。与此同时，部分私募基金也加入“跑路大军”，实控人频频失联，导致相关私募基金经营中断，投资者受损。由理财乱象引发的公共事件频出。

2. 金融风险频现，负面情绪蔓延

近 65% 的消费者意识到自身金融知识不足。消费者难以识别金融风险是非法集资、欺诈销售、电信诈骗等事件频发的诱因之一。资产安全无保障、投资方向不明朗和财富缩水引担忧等问题引发负面情绪蔓延。

3. 监管部门持续发声表达关切

金融市场监管部门坚持金融知识普及教育，将防范金融风险作为重中之重，努力处理好稳增长、调结构、防风险之间的关系。

4. 招商银行积累了风险防控、金融教育优势

招商银行通过建立“天秤”风控系统和“天巡”风控雷达进行安全防控，通过编撰《金葵花财经知识家》、开设“金葵花理财大讲堂”研析行情，并通过“金融知识进万家”和“小小理财家”活动进行公众教育。

招商银行对个人金融风险热点有以下洞察。

- 电信、网络欺诈频发：假冒商户客服、中奖欺诈、网络贷款欺诈等诈骗手段屡禁不止。
- 信用卡盗刷频发：欺诈分子通过短信、邮件、通信软件信息等方式向受骗者发送带有木马病毒的链接，客户在不知情的情况下发生连续多笔资金出账。
- 客户的财富管理认知不足：不了解诈骗类型，不懂得识别诈骗的方法，被骗后不知道如何处理；对基金、保险、贵金属产品常识及风险点理解有限，做出错误的投资决策；理财方式单一化，缺乏多元化配置；对不规范平台的识别和防范意识不够，掉入伪财富管理平台的陷阱。
- 个人征信存在盲区：客户不了解征信，不知道征信的作用；不重视征信，导致生活或其他业务受到一定的影响；不懂什么是过度负债，不了解过度负债的风险，不知道如何减少过度负债。
- 个人投资理念和方式存在误区：盲目追求高收益，忽视收益背后隐藏的风险和流动性问题；追求短期获利，忽视长期投资；对新兴投资平台的风险认识不足。

围绕个人金融风险热点，招商银行应以“科学投资理财”“合理消费信贷”“现金流安全管理”为要点，搭建公民必备的财富管理常识体系。

“金葵花在行动”公益项目的目标是发挥专业优势，以提升国民金融素养为己任，更深、更广、更持续地赋能公众，践行招商银行的社会责任：让公众感知招商银行是一家负责任、够专业、很贴心的财富管理银行；让业界感知招商银行是一家响应号召、践行责任、快速行动、创新服务的客户体验银行。

招商银行以“人人来做理财师”为主题展开财富管理普及行动。

1. 一副专家大脑：小招理财百科平台（智能助手）

招商银行搭建了金融行业首个“理财百科”知识平台社区。

（1）用户提问可获积分奖励，由小麦智能助手进行专业解答。

（2）在招商银行 App 社区搭建频道，以互动奖励模式开启“你问我答”新热点。

（3）未来以独立知识产品的形式输出给 AI 手机平台、智能音箱等第三方媒介。

2. 一套常识手册：金融常识科普故事读物

招商银行制作了金融常识科普故事手册：在内容上，围绕金融常识盲点、热点和槽点；在形式上，以图解、漫画、故事等方式进行设计，可电子化；在渠道上，采取公众号、网点、客户经理电子书推荐等多种形式。

3. 一组金融课堂：线上微课堂 + 线下讲座

（1）线上于“得到”等平台推出招商银行金融学院，开展一系列金融微课堂（音频课程）。

（2）线下每月开展金融理财讲座。

- 在招商银行网点开展“听讲座攒积分”理财知识系列讲座；
- 积分捐赠汇集“招商银行金融教育公益基金”；
- 基金用于“小小金融家”儿童金融教育活动。

4. 一套视频教材：《15 秒趣味理财》

招商银行开设了零售金融 / 财富管理抖音官方账号，推出《15 秒趣味理财》短视频，共 30 讲。在此过程中，以 PGC（专业生产内容）方式生产趣味理财知识和趣味金融消费知识，并以 UGC（用户生产内容）方式开展“人人来做理财师”理财常识短视频有奖征集活动。

5. 一场直播答题活动：“人人来做理财师”挑战

招商银行在其官方 App 开展了首次理财知识直播答题活动“人人来做理财师”

挑战赛。

（1）线下初赛。

招商银行用户可在任意网点参加线下讲座闯关答题，赢得直播答题决赛资格。

（2）线上决赛。

获得决赛资格的客户于直播日参加答题，瓜分现金。

1. 传播成效

（1）先声夺人，全面启动。

2019 年 3 月 21 日，招商银行在北京召开“金葵花在行动——招商银行金融消费服务升级工程”新闻发布会，宣布正式启动“金融消费服务升级工程”。现场近百家媒体参与，人民网、《金融时报》等主流媒体主动报道，曝光量超亿次。

（2）趣味理财故事书。

招商银行成功制作并发布 8 期电子版图文，通过招商银行微信公众号、社区号、头条号、内部微刊多个平台扩散，累计阅读量近百万次。

（3）科普类短视频。

宣传期内，招商银行完成 2 期科普类短视频制作，并通过招商银行微信公众号、抖音、微视等平台传播。

2. 活动执行成效

（1）财富知识普及。

招商银行共规划 12 门理财课程。截至 2019 年 6 月底，招商银行已完成 335 场财富知识普及活动，吸引超过 6000 名客户参与。

（2）信贷知识普及。

招商银行从个人征信、防范电信诈骗、家庭合理负债 3 个方面共设计 9 门信贷知识课程。截至 2019 年 6 月底，招商银行已开展近 200 场相关活动，有超过 3000 名客户参与。

3.“U+ 计划”成果

招商银行“U+ 计划”以专业赋能员工，全面推进客户服务升级。截至 2019 年 6 月底，招商银行 45 家分行均进行了全员培训，覆盖 7000 多名客户经理，并认证财富信托规划师 346 人；结合为约 400 万名零售信贷客户提供服务的经验，2019 年 4 月前经过 3 轮沟通和筛选，由 27 家分行的 54 位产品经理对 1000 多名客户经理进行了相关主题的培训，由 7 名零售信贷专家对课程进行了优化、完善。

招商银行在精准洞察个人金融风险的基础上，以“科学投资理财”“合理消费信贷”“现金流安全管理”为要点，以“人人来做理财师”为主题展开财富管理普及行动。此次公益传播项目寓教于乐、形式多样，综合运用了多种技术手段，将金融知识更好地传递给了客户。更值得注意的是，小招理财智能百科平台、趣味理财短视频和直播答题三大创意在行业内均属首次尝试且成效良好，对后来者具有重要的借鉴意义。

杰出品牌营销奖·品牌奖

2018 年“海马体”圣诞照营销案

获奖单位：杭州缦图摄影有限公司

品牌定位

海马体照相馆是一家全国连锁的摄影品牌和第一个进驻购物中心的照相馆品牌，主要产品有精致证件照、结婚登记照、职业形象照、文艺照、全家福照、宠物照等常规产品及各类限时产品。截至 2019 年 10 月，海马体照相馆已在全国开设 230 余家直营门店，覆盖 57 座城市的核心商圈，如北京、上海、广州、深圳、杭州等。2019 年国庆节期间，“海马体”成为首个进驻机场（大兴机场）的摄影品牌。

如果用一句话来形容“海马体”，那就是“一个用影像记录和传递普通人仪式感的品牌”。在过去 5 年时间里，“海马体”拍摄了约 800 万张照片，见证了约 500 万个普通人生活中关于爱情、友情、亲情的仪式。“海马体”见过的最有意思的事情，就是一些客户明明目前还没找到对象，却“偷偷”跑到海马体照相馆，非常认真地预约了一份两年后的结婚登记照。类似的故事每天都在“海马体”上演，让“海马体”变成了一家很有温度的照相馆。

营销策略

圣诞节本来是一个年轻人狂欢的节日。在这个节日里，人们对社交有很多期待，希望能从互动中获得一些温暖和慰藉。于是，从 2015 年冬天开始，“海马体”每年都会推出“圣诞照”产品。现在，圣诞照已经成为很多年轻人在冬季最期待的礼物。这是一款强社交属性的照片品类，照片选用角色扮演风格，如圣诞老人、雪人、麋鹿，并且每年都会解锁新角色。

在 2018 年圣诞照的 5 个角色中，精灵、公主和小丑是新解锁的角色，麋鹿和圣诞老人是以前推出的角色。“海马体”给每个角色都赋予了性格标签，使照片具有更丰富的情感联想。电视剧《延禧宫略》中“明玉”的扮演者以活泼俏皮的形象深受粉丝喜爱，作为“海马体”的“明星体验官”，她对这 5 个角色进行了大胆演绎。

为了更好地演绎这 5 个角色，“海马体”一口气推出了 5 支 TVC（电视广告片），从生活、职场、家庭 3 个方面切入，更加立体、全面地诠释了 5 个角色的内涵。5 支视频巧妙触碰到了年轻人在节日中的情感软肋，从而给他们带去了精神慰藉并达成了消费者共识。

同时，“海马体”还创作了圣诞角色性格测试 H5。通过测试，消费者可以了解自己最匹配的圣诞角色。这种标签个人化的信息让用户更有代入感。配合 5 支角色视频，H5 强化了消费者对于角色的认知，也实现了品牌与用户的深度互动。

2018 年 11 月 20 日，“海马体”召开大型产品发布会，宣布某明星担任 2018 年圣诞照的“明星体验官”，并正式开放圣诞照的线上预约。在线上 + 线下、内部 + 外部的协同传播带动下，仅“海马体”官方自媒体的统计数据显示，内容发布 5 分钟后，阅读量便已突破 10 万次，1 天后阅读量达到 70 万次；发布 15 分钟后，订单量就已相当于前一年同天全天的订单量。

在发布会之后的一周内，“海马体”邀请了包括演员、知名游戏主播、抖音红人等在内的上百位各行业名人 KOL 体验拍摄圣诞照。他们的照片在微博、抖音、小红书等多个平台陆续发布，再一次激活了年轻人的消费欲望。

营销效果

在一系列的走心营销之后，“海马体”在各大平台的粉丝价值链被激活：在微博、微信、抖音等官方平台上，用户自发与品牌进行互动，分享自己拍圣诞照的情节和心情；很多人发微博时还不忘提醒自己的至亲好友，邀请他们一起去“海马体”扮演一下圣诞照里的超现实角色，浓浓的圣诞味儿忽然之间在朋友圈发酵了。

最终，2018 年“海马体”圣诞照活动取得了远超预期的效果：微博话题阅读量达 1.3 亿次、抖音话题阅读量达 5000 万次、小红书笔记近万篇，“海马体”百余家门店一号难约。“海马体”用百万元级的营销费用撬动了千万元级的营业收入。

“海马体”意识到，做品牌就是要不断抓住年轻人的“口味”，将对年轻人的洞察应用到产品中，形成品牌的独特风格。对于这一点，“海马体”一直在身体力行。例如，2018 年“海马体”推出的头纱照，就是基于对“90 后”年轻女生的洞察：我不想结婚，但我想拍婚纱照。

“海马体”之所以能一直引领证件照的潮流，是因为其抓住了年轻人的审美。2014 年，“海马体”将传统的证件照精致化，从此引发了最美证件照的热潮；2019 年，“海马体”再次对证件照做出突破，推出季节限定证件照，如同服装行业一样，将时下年轻人追捧的潮流元素融入证件照，让证件照成为一件“吸睛”的时尚单品。

同时，“海马体”还携手国际知名彩妆品牌安娜苏，与日本彩妆大师联手打造证件照妆容，为产品的潮流属性赋能。元气妆容被网友们争相模仿。

除此之外，“海马体”在跨界上也有很多年轻化的玩法，比如与中国工商银行一起推出联名信用卡，开启年轻人梦寐以求的“刷脸时代”；与 ADM 公司联合举办名为“一张照片看完一生的”线下艺术展，让人们通过艺术展“看完自己一生的样子”。

生活的仪式感让年轻人拥有更充沛的能量。为了这份寄托，“海马体”将不断努力，用一方小小的照片，承载人们满满的记忆。

品牌粉丝专属节日的背后，蕴藏着巨大的隐性价值（如“双十一”之于天猫）。用自己的品牌将节日 IP 化，并使其成为“超级符号”，将会是“海马体”长期追求的目标。在此过程中，“海马体”善用新媒体，也创新性地发展出别具一格的活动方式。这一方面强化了品牌定位；另一方面，也在某种程度上强化了年轻人对自我的肯定与认同，进而转嫁为对“海马体”的肯定与认同。